起業バカ

Cover Photograph ■ getty images

起業バカ

Naive Entrepreneurs

渡辺 仁
Jin Watanabe

Kobunsha Paperbacks
Tokyo

2005年4月30日　初版1刷発行
2005年5月20日　　　2刷発行
著者　　　渡辺　仁
発行者　　加藤寛一
デザイン　斎藤啓一・川端光明
印刷所　　萩原印刷
製本所　　ナショナル製本

起業バカ
Naive Entrepreneurs

発行所　　株式会社　光文社
東京都文京区音羽1-16-6　〒112-8011
編集部　03-5395-8401
販売部　03-5395-8114
業務部　03-5395-8125
www.kobunsha.com
ISBN4-334-93356-4
Printed in Japan

About Kobunsha Paperbacks

光文社ペーパーバックスは、次のような大きな４つの特徴があります。

1、ジャケットと帯がありません。
従来の日本の書籍は、いわば過剰包装であり、服にたとえればジャケットと帯という厚着をまとっています。そこで、これらをいっさい廃して、いつでもどこでも読めるというペーパーバックス本来の機能を重視して製作されています。

2、本文の紙は再生紙を使っています。
これは、失われゆく地球資源を守るためであり、環境問題に少しでも貢献したいと考えているからです。

3、本文はすべてヨコ組です。
学校の教科書、会社の文書、インターネットのウェブサイトのテキスト、メール、手紙、論文など、いまの日本語はほとんどの場合、ヨコに書くのが普通です。ですから、できるだけ自然な形で、日本語をヨコ組で表記しています。

4、英語（あるいは他の外国語）混じりの「４重表記」
これまでの日本語は世界でも類を見ない「３重表記」（ひらがな、カタカナ、漢字）の言葉でした。この特性を生かして、本書は、英語（あるいは他の外国語）をそのまま取り入れた「４重表記」で書かれています。これは、いわば日本語表記の未来型です。

Contents
目次

Chapter 2 第2章 起業でハマる３つのワナ
Three Kinds of Traps That Start-ups Face

Chapter 3 第3章 「起業後」に待ち受ける誘惑とワナ
Baits and Traps That Entrepreneurs Have to Avoid

Chapter 4 第4章 脱サラを喰いものにするフランチャイズ商法
Franchise Leech Corporate Dropout

Chapter 5 第5章 フランチャイズは底なし沼
Franchise is an Endless Struggle

Introduction
はじめに

起業して初めてわかった「天国と地獄」
Heaven and Hell I Realized After I Started Up My Company

ニッポン中が起業希望者だらけ

いま、空前の起業ブームだという（New business boom never seen before.)。中小企業白書 the white paper on small and medium-size business によると、起業したい人が全国に約 130 万人。サラリーマンの 40 人に 1 人が、“一国一城の主”を夢みている計算だ。実際、チャンスがあったらなにか事業 enterprise を始めたいと、密かに準備中の人が 60 ～ 70 万人いるという。まさに、日本中が起業希望者だらけという状態になっている。

その中で実際に起業 start-up した人は、年に約 18 万人、資本金 capital fund が 1 円でもいいという「中小企業挑戦支援法」で作った、いわゆる「1 円起業」が、この 2 年で 1 万 9000 社に上っている。

だが、世の中そんなに甘くない not that easy。

起業の数ほどワナ trap がある。将来に希望をふくらませて起業したシロウト layman のすぐ目の前に、危険な落とし穴が待ち受けている。

見込み違いやカン違い、部下の裏切り、おいしい詐欺話、悪徳商法、フランチャイズ詐欺、代理店詐欺、出資金詐欺、ベンチャー転がし、株転がし、極めつきは会社乗っ取りのＭ＆Ａ錬金術——。

起業の現場では、ダマしダマされるという究極の人間ドラマ ultimate human drama が繰り広げられている。

そして「起業バカ」naive entrepreneurs は最後に資金繰り cash flow に行き詰まってしまう。あげくの果ては借金取り debt collector に追い立てられ、サラ金地獄、街金地獄、家庭崩壊、自滅へと、わずか半年で人生の歯車が狂ってしまう。場合によっては「自殺」で決着をつける人間も少なからずいる。

そんな危険と隣りあわせなのが「起業」start-up a business なのである。

仮に上場をゴールだとすれば、この 6 年でベンチャー 3 市場へ上場した企業数は 729 社、上場予備軍は約 1500 社。一方、この 20 年間で新規に会社を興した数は約 352 万 4000 社。単純計算で、成功したのは 1580 人に 1 人ということになる。あなたは、本当に自分がその中に入れると思っているのか？

むろん、そうはいっても、「起業」はエキサイティングであり、夢がある。なにかを成そうとする、「志」will がある。最近、よく聞く「ベンチャー起業家」entrepreneur という言葉にも、新しい事業で世の中を変えようという、野心 ambition とカネ money の匂いが感じられ、男のロマンを掻き立てられる。

リストラされた中高年起業家は世間知らず

ここ数年、不況 depression のせいで、中高年起業家が増えている。リストラ personal downsizing で会社を追い出され、「職がないから起業でもしようか」「歳を食って再就職できないので起業しかない」といった“デモシカ起業家”が多いのだ。会社が倒産 go under したら若者はフリーター job hopping で喰いつなげるが、手に職のない 40、50 代のオヤジたちは、追いつめられ、「起業」に走るしかない。政府 our government や政治家 politicians もそれをどんどん奨励 encourage している。再就職 rehirement を後押しする、国の職業能力開発総合大学校（職業訓練学校）でも「創業サポートセンター」なる起業相談窓口を開設する時代なのだ。

だが、このリストラされた中高年起業家が世間知らず jerk で一番ダマされやすい。追い込まれた焦りもある。人がよくておとなしい。サラリーマン一筋で世の中を甘くみている。小金を持っている。子供も独り立ちして自由の身の上だ。こんな中年男を狙った悪徳商法 scam や詐欺師 fraud たちが、いろいろな形でアミを張り、虎の子 precious thing の開業資金を巻き上げようと、虎《こ》視《し》眈々《たんたん》と待ちかまえているのだ。

世の中がリストラ真っ盛りだった 2001 年 9 月、小泉純一郎首相は臨時国会 extraordinary session の所信表明演説で、「年間 18 万社にとどまっている新規開業数を 5 年間で倍増し、36 万社に引きあげる」とブチ上げた。起業に関し、首相が具体的な数字をあげて公約 make pledges したのはきわめて異例 unordinary のことだ。それを日経新聞はじめ大手マスコミが派手に書き立て、シロウト起業ブームに火をつけた。だがその結果はどうだったか？　死屍累々 heap of corpse だ。本書はその無惨な結末の一端を詳細に描き出すものだ。

そもそも「起業」とは、首相が笛や太鼓を叩いて盛り上げるものなのか？　また、商売にド素人の官僚 bureaucrats がシナリオを書いて煽り立てるものなのか？　その根本的な疑問はさておき、いま、政府主導 government-led で起業ブームが仕組まれている fixed ことだけは間違いない。

当時、大企業のリストラの影響で 2001 年 9 月の失業者数 jobless は 357 万人、失業率 jobless rate は 5.3％で、最悪を記録した。社会不安 social anxiety も予想以上に広がっていて、その不安解消と失業対策 measure for unemployment のガス抜きとして、小泉首相は「リストラ失業者は起業せよ」と煽り立てたのだろう。

だが、ちょっと待ってほしい。リストラ組は本音をいうと、ただ仕事 job がほしいだけなのである。20 年、30 年とサラリーマンをやってきた中年男に、「さあ、明日から事業を起こせ」とけしかけてどうなるのだろうか？　モチベーションもなにもないのだ。商売のドシロウト layman に、準備 preparation もなにもなく、わずかな資金で起業させたらどういう結果を招くのか？　お手軽な起業 easy starting でお茶を濁し、失敗する break down だけなのは、火を見るより明らかだろう。

2003 年の自殺者 suicide は 3 万 4000 人（前年比 7％増）で過去最悪だ。このうち 30 ～ 50 歳代が 7 割近くを占める。中小企業 small and mid-sized firms の社長の自殺が 4200 人。自己破産 personal bankruptcy は 24 万件（前年比 13％増）。個人事業破産は 1 万 5000

件（前年比148％増）。この数字が、なによりもシロウト起業の怖さと、起業ブームの罪深さを雄弁に物語っているだろう。

経済失速 economic slowdown、人口減少 depopulation、借金大国 deficit giant の時代、1年で36万社の会社が設立 found a company できるワケがない。市場 market は縮小 shrink している。いまの日本に、そんなに会社は必要ないのだ。そもそも新会社が30万も誕生していたのは、輝かしい高度成長期 the times of high economic growth の1960、70年代だ。それがいまは右肩下がり on the downside。開業会社より廃業会社 winding up business の方がはるかに多いのである。なにを根拠 basis に36万社作ろうというのか。ほら吹き big mouth もいいかげんにしてほしい。

これは過去の成功体験 successful experience しか見ていない、官僚が描いた誇大妄想 paranoid imaging 以外のなにものでもない。本気で起業を奨励するなら、携帯電話自由化のように既得権益 vested interest をとっ払った、大改革 big reforming しか方法はない。いまの規制大国ニッポンに、どんなバラ色の未来 rosy future があるというのか？　数字をこねくったお遊びを考えるのなら、もっと先にやるべきことが多いのだ。

団塊世代680万人の退職金が狙われている

政府の起業支援 support for start-ups がいかにいい加減か、ニッポン人の「起業力」が、この30年でいかに劣化 deteriorate したか。また起業支援でなにが重要なのか？　この問題は、「起業バカ」を抜け出すためにきわめて重要なテーマだ。

いずれにせよ、机上の空論 armchair theory ばかりの官僚どものワナに引っかかると、あなたの人生、とんでもない失敗 failure を犯すことになる。とくに、これから退職金 retirement allowance をたんまりもらって第2の人生の青写真 blueprint を描く、680 万人の団塊世代 baby-boomers の退職者、あなたたちが一番狙われているのだ。小金を持ったシニア起業家やプチ富裕層にもいろいろな誘惑 temptation と落とし穴 booby trap が待っている。

もちろん、起業とはなにかよくわかっていない、20 ～ 30 代の若手起業家予備軍。また挫折 setback の経験のない偏差値エリートも危ない。まあ、実際のところ、会社人間のサラリーマンは、「全員アブナイ」と言った方がよさそうである。

起業家を待ちうける巧妙な手口 dodge とはなにか？　なぜ、分別ある男がワナ trap にハマったのか？　どこに落とし穴 pitfall が掘ってあったのか？　それらの疑問には、本書で具体的な事例 case をあげて詳しく検証 examine していく。別に特殊なケースでもなんでもない。それは、あなたの隣りの男の、知られざる体験談なのである。

大体、新しく会社を立ち上げても、「10 年生き残れるのはたった 5%」というデータがある。100 社できても 95 社が潰れていくのだ。最近だってあの飛ぶ鳥落とす勢いだったユニクロも、絶頂期 peak に 4200 億円あった売上 sales が 2 年後の 2003 年には 3018 億円に激減。たった2年で1100億円も吹っ飛んだ。市場の変化は恐ろしい。

それ以外にライバルの出現 competition of rivals、マガイモノ商法 made of whole cloth business、商品の陳腐化 obsolescence、気まぐれ消費者 fickle consumer、社長のカン違いなどなど、大企業にも落とし穴はいたるところにある。ましてや1人でゼロから立ち上げた無名会社の生存競争 battle for survival は苛烈きわまりない。起業とはそれほど危険なカケ stake なのである。

それなのに一国の首相が、人気取り grandstand play で「36 万社」と国会の場で表明し、起業志願者を煽り立てている。ウブ naively honest なサラリーマンなどついその気になって、「国が脱サラを応援してるんだ」、「退職金を元手に一儲けできるかも」と誤解 misreading し、早期退職 early retirement に飛びついてしまう。数年前、松下、ソニー、NEC、富士通といった日本を代表する大企業の早期退職募集に中高年社員が殺到 rush したことがあった。ニッポン全国のサラリーマンの間に、「辞めるならいまのうち」という、浮わついたムードができあがっている。

だが、辞めたあと見込み違いやカン違い misconception、起業ワナに落ちて苦しむのは、お人好し sucker の「起業バカ」その人なのである。それは、本書を手に取ったあなたの数年後の姿でもある。

起業バーゲンセールの期限は 2006 年、あと 1 年後だ。本当に首相が言うように、「36 万社」誕生する立派なインフラが整備 establish されているのか、これもまたジックリ検証 check しなければならない。こうしたいい加減で危険な政策 half-baked and risky measures が、中高年自営業者の自殺 suicide の引き金 trigger を引いている、といっても過言ではないだろう。

起業支援は外郭団体が潤う「ベンチャー ODA」

小泉首相のキケンな起業支援政策は、大学教授らが研究成果 research paper をもとに会社を起こす「大学発ベンチャー 1000 社計画」もあげられよう。この大学ベンチャー1000社は玉石混淆《ぎょくせきこんこう》、売上 sales も立っていないトンデモない会社が多い。学者 scholars が経営者 executives に向かないのはハッキリしている。それなのにシリコンバレー Silicon Valley かぶれの官僚のサル真似 copycat がまかり通っている。こんなところにも巨額の補助金 subsidy がバラ撒かれているのだ。

また、カネがなくても会社が作れるよう、商法 commercial law を変えた「1円起業」も浅薄な策と言えよう。資金を調達できない人は、起業する資格などない。経済産業省は「2万社もできて大成功」と自画自賛 self-applause しているようだが、すでに倒産企業が相次いでいる。資金力のないまま会社を作ってもどうしようもない。簡単に会社を作っても、しょせん、会社ゲーム、倒産企業を増やすだけである。

中高年や女性起業家の支援 support をめざした自治体 autonomy や商工会議所主催の起業セミナーなども、ニッポン全国で花盛りである。シロウト起業家予備軍も量産 mass-production されつつあるのだ。36万社の辻褄合わせ consistent in this story のため、政府は次からつぎに起業支援、ベンチャー支援を打ち出し、起業ブームの旗ふり役 cheer-leader を演じている。

この一連の“起業家促成栽培”を実現するため、中小企業庁だけで2004年度の予算 national budget で517億円もの血税 our tax money が投入されている。では国全体の起業支援、ベンチャー支援予算はいったいどのくらいの規模 scale なのか？　途方もない金額だろう。これには驚くしかないが、この金額はさらに毎年どんどん増えている。

その中身 program を見ると「起業・創業セミナー」、「ベンチャービジネス展示会」、「インキュベーション施設」、「大学発ベンチャー」、「1円起業」の5本立てである。インキュベーション incubation（起業孵化）施設など、創業会社が入る建物だけを作ったハコもの支援そのものだ。しかも、家賃 rent も高い。これじゃあ、「ベンチャー公共事業」と批判 criticize されても仕方ないだろう。肝心のノウハウ（経験豊富な人材）が欠乏 lack している。これが本当に500億円も使って起業家が一本立ちできる、価値ある政策 effective policy なのか。

どこからどう見ても、単なる起業イベントと口先だけのコンサルティングじゃないか。こんなことは民間の専門会社に任せておけばいい。

要は、起業支援とは名ばかりの、巨額の血税 huge severe tax をバラ撒いた新手の「ベンチャー ODA」なのだ。つまり、官庁や外郭団体 affiliate company、関連業界だけが潤って、さっぱり「ホンモノの起業家」という果実が実らない補助金漬けの「税金ドロボウ」なのである。

いまのニッポンの官民あげての起業支援やベンチャー支援をクルマの免許 driver's license にたとえると、自動車教習マシンで1週間だけ特訓してそのまま高速道路 freeway を突っ走らせている状態だ、と言っていいだろう。もちろん、「起業家の自己責任 self-responsibility」という問題もある。なにをやろうが、自由経済の原則 principle がある。だが、この煽るだけアオった政策は、単なる数字合わせの愚策 stupid measures でしかない。国をあげて“自己破産起業家”をどんどん量産する危険なシカケなのである。

起業を支援し奨励すること自体は悪くない。この閉塞した社会や産業界に活力 vitality を取り戻すには、起業家の育成こそ有効な政策の1つである。ビル・ゲイツ Bill Gates のように世界に通用するスター起業家が2、3人でも出てくれば、雇用 employment も増え、ニッポンの国際的イメージも高まるだろう。

だが、日本を代表するベンチャーが、未だにソフトバンクの孫正義や楽天の三木谷浩史、ライブドアの堀江貴文の“プロ野球3人衆”では寂しい限りである。ホンモノの技術や商品を持っていなければ世界で通用しないということだ。M & A に血道をあげている場合じゃない。

この10年、日本を代表する大企業 big business がバタバタ倒産したり、不祥事 corporate crime を引き起こしたりして、若者のなかに「企業不信」が広がっている。そこで新産業の担い手のベンチャー企業を育てたり、若者の自立心 independent mind-set を鍛えたりする起業家教育に力を入れるのは大賛成だ。むしろ、遅きに失したと言いたいぐらいである。しかし、私が言いたいのは、その中身 reality である。

つまり、現実には「起業倍増」「ベンチャー1000社」「1円起業」という、勇ましい掛け声の陰で、シロウト起業家をエジキ prey にしたエセ起業支援のコンサルタントやベンチャー転がしなどの、懲りない面々 never-change villains の暗躍を許している。ウブな脱サラ起業家を取り巻く状況 environment は、いま、なんでもありの“無法地帯” jungle と言っていいだろう。しかも、そうした状況 circumstances はますます広がり、巧妙 tricky になっているのだ。

たとえば、大流行の「振り込め詐欺」じゃないが、脱サラ corporate dropout の受け皿のフランチャイズ業界では、「加盟金、振り込め詐欺」が横行して自殺者まで出ている。

そのウラには、「ベンチャーが金のなる木になった」という事情がある。5年前、東証マザーズ、ヘラクレス（旧ナスダック・ジャパン）がスタートし、創業後1、2年で新規株式公開（IPO = Initial Public Offering）ができるようになった。公開するとベンチャー関係者のフトコロには、市場から調達 collect した潤沢な資金が集まり、莫大なキャピタルゲイン capital gain（株式売却益）が転がり込む。それでシロウト投資家 amateur investors も巻き込んだアメリカ並みの、「マネーゲーム産業」ができ上がり、いま、どんどん膨れ上がっている。

それと裏腹に、起業支援、ベンチャー支援のプロがきわめて少ないという事情がある。これまで「脱サラは先輩の見よう見まね」という考えが強かった。ところが、この10年でアメリカのビジネススクール（経営大学院）で仕入れたベンチャー支援のノウハウが注目されてきた。そこで7、8年前から経営コンサルトからの転身組や税理士、CPA（米国公認会計士）、弁護士、エンジニア、大学、専門学校、マンション会社、不動産屋、鉄道会社など、ありとあらゆる個人や団体が「起業支援」incubation（インキュベーション）を名乗りはじめている。

それはあたかもハイエナのようでもある。ハッキリいって「起業支援」はカネになる makes money。ここにブームに便乗した「起業支援産業」ができ上がり、このビジネスのスソ野 base もどんどん広がっている。ホンモノのプロや目利き maven が少ない分、にわかプロ、エセ起業屋が幅を利かせている。そこに悪徳コンサルやブローカーらのつけ入るスキが出てくるのである。

自信過剰でナイーブな「起業バカ」

私はこの14年、ニュービジネスやベンチャービジネスの成功例 case of success、失敗例 case of failure を2500社ほど取材 cover し、ビジネス雑誌に300本ほどのレポートを書いてきた。社長の年齢は22歳から67歳。脱サラ起業家が9割以上だ。そこで見たのはカッコよくいうと、名もない起業家たちの夢に賭ける意気込み enthusiasm と悪戦苦闘のドラマ、そして起業支援の虚々実々の舞台裏 behind the scenes だった。だが、取材 interview や調査 research にいくら時間をかけても、取材する側には踏み込めないカベがある。

それが2002年4月、ちょっとしたキッカケで私自身、ベンチャー支援とニュービジネス支援の小雑誌を立ち上げた。期せずして私自身も50歳すぎて起業したのだ。そのことで、起業支援の舞台裏にどっぷり入り込んでしまった。それで、表玄関の取材では窺《うかが》いしれない情報や人脈 network をつかむことができ、いまのニッポンで起こっている起業をめぐる虚と実 truth and falsehood を目の当たりにした。しかし、雑誌そのものは私の力不足と資金不足でわずか7号で潰してしまった。後に残ったのは借金の山 heap of debt。

この雑誌を出した2年間、オオゲサにいうとすべての起業家が味わう「天国と地獄」を体験した。シロウト起業家を待ち受ける数々のワナと裏切り betrayal、騙し合い cheating、自分の能力 potential への過信 over confidence と絶望 despair を味わった。そして多くの友人を裏切り、借金取りから遁《のが》れ、卑小な自分を発見し、そこで初めて「起業バカ」を悟ったのだ。

その失意 broken heart と絶望の底で「起業は『志（キレイゴト）』だけでは続かない」との思いを骨身に感じた。事業継続 continuing performance にはカネがいる。そこで思い知ったのは、「起業は喰うか喰われるか」という、事業の本質 essence of business である。いまさら甘い、と嗤《わら》われそうだが、「起業バカ」はトコトン体験しなければわからないのだ。

非情さ iron-heartedness が経営者の条件の１つであるように、世間知らずでナイーブな起業家、それはまさに「起業バカ」そのものだ。会社を潰し社員や家族を路頭に迷わす。そんな起業家はいるだけ罪 sin だ。私にそれをいう資格は塵ほどもないが……。

本書は、そうした私の体験や取材実話をもとに、起業をめぐるウラオモテ two sides をあますところなく描いたものである。そして起業とはなにか、起業はいかに危険に満ち満ちた“快楽”pleasures なのか。ちょっとした判断ミスを軌道修正 course correction できず、ズルズルと奈落の底に突き落とされる。そこには何よりも人間の「奢《おご》りと弱さ」が凝縮 condense されている。

しかし、それを乗り越えたときの達成感 fulfillment は、麻薬のようなものだろう。起業には人を惹きつけてやまない魔力 charm があるのも事実だ。私のささやかな体験からも、そう思う。

結論 conclusion めいたことを先に言えば、起業すること、それは天国と地獄 heaven and hell を同時体験することだ。サラリーマンと違い仕事の幅も広く、カネをめぐって奇々怪々 fishy な人物たちが近づいてくる。欲と欲のぶつかりあいで生身の人間、人間の本性が顕れる。リスキーなことにも挑まなければならない。

これからコトを起こそうとする起業家予備軍 reserve entrepreneurs

よ、それに耐え得るだけの、タフでシタタカな心と体を持っているか？　サラリーマン人生でなまった心身 mind and body を鍛え直す覚悟があるか？　そして、その仕事に「志」があるのか？

本書はそうした、起業を夢見る人たちすべてに読んでもらえると嬉しい。そして本書を読んで、あなたの人生がよりよいモノになれば、著者 author としてこれ以上の幸せはない。

あなたの人生を自分で切り開くよるべとして、この本を贈る。

2005年4月

渡辺　仁

Chapter 1
第1章

みんなこうして失敗した
Everybody Failed Like This

「起業」の誘惑に乗せられて人生破滅

「ベンチャーキャピタリストを紹介してくれませんか？」

ベンチャー雑誌を創刊 launch して間もないころ、こんな中年男の電話をもらった。田辺、と名乗った男は、「第2の人生、ベンチャー支援の仕事で脱サラしたいんです」と言った。仕事がら、起業 start-ups に関するさまざまな相談 consultation を受けたが、キャピタリスト venture capitalist になりたいという相談は初めてだ。さっそく、男の指定する日に銀座で会った。

田辺靖之（仮名）は定刻 appointed time どおり、パーラーの2階の隅で待っていた。仕事を抜け出してきたので同僚 coworker に会わないよう、サラリーマンが来ない場所を選んだという。濃紺の仕立てのいい背広を着ていたが、注意深く周囲に目をくばるあたり、慎重な性格がうかがえる。

名刺交換をして簡単な自己紹介 self-introduction をする。田辺は複写機最大手メーカーの営業部長だった。慶応大学法学部を卒業後、高度成長期の1969年に入社した団塊の世代 baby boomers だ。当時54歳。法人営業を皮切りに国際本部でマーケティンググループの責任者 manager を務め、42歳でヨーロッパに2年間単身赴任 dispatch without family。帰国後、大手シンクタンク、銀行、生保会社の営業を担当し、前年に営業部長 director of sales に就任したばかりだった。

「子会社を設立して軌道に乗せるまで2年かかりました」

ちょっと自信ありげに自分の経歴 resume を語ったが、エリートコースを突っ走ってきたわけではないにしろ、まずまずの出世頭 most successful だとわかった。一昔前だったら定年前 before retirement に子会社の社長でもやり、64～65歳で悠々とリタイアした「勝ち組」winners だろう。

それがキャピタリストの経験 experience もないのに、大企業 big company の幹部の地位 post を投げ打って転身 switch したいという。その理由を聞くと、「いま、役員候補になれるか、子会社に転籍させられるか、岐路に立っている」と話した。つまり、団塊世代 baby boomers の最後の決断 decision making のときなのだ。

「弟が起業して成功してるんですよ。なにかやるには、いまの年齢が最後のチャンス。学生時代からベンチャーキャピタリストに憧れていたんです。ですからキャピタルの事務所で2、3年、無給でいいから実務を勉強して独立したいんですよ」

中高年や定年後の起業の動機 reason として、「若いころの夢」をあげる人が実に多い。これこそ、「起業バカ」naive entrepreneurが落ちるワナの典型typical caseといっていいだろう。コツコツ準備してきたのならともかく、20～30年サラリーマンをやってきてすぐ夢が叶うほど甘くない。好きなことで稼げる人はほんのひと握りvery small percentage。世間知らずのバカリーマン、いやサラリーマンは、そこをカン違いする。夢はボランティアか趣味でやるものだ。

しかし——。田辺の眼は真剣dead seriousだった。営業畑を歩いてきたが金融の知識financial skillはそれなりに勉強してきたという。大企業の現役部長だけあって、身のこなしに落ち着いた雰囲気atmosphereが漂っている。話を聞く態度attitudeも、人の気をそらさず信頼がおけそうな印象impressionを受ける。これなら、若いベンチャー経営者の相談相手consultantにうってつけだろう、と私は考えた。

ところが、田辺は意外な提案proposalをしてきた。

「いまの話とは別に2000万円ぐらいなら用意できます。小さなベンチャーで買える会社はありませんかねぇ。ゼロから始めると時間がかかります。この歳だと手っ取り早く会社を買って、これまでの経験をいかして経営してみたいんですよ」

私は耳を疑ったcan't believe my ears。おいおい、キャピタリストになりたいんじゃなかったのか。役員board memberになれないなら脱サラbecome independentしたい。それがムリなら退職金で会社を買いたい。この田辺の、下積みの苦労bottom of the heapをイヤがる虫のいい話に、一瞬、シラけた。いったい、こいつは何がやりたいんだ？

人も組織も、すでに完成completeしている大企業なら、企業買収acquisitionという理屈logicも通用するだろう。だが、すべてゼロから手作りしなければならないベンチャーの社長に、こんな甘っちょろい男は通用しない。田辺の話を聞いていて、「この男、なにもわかっちゃいない」と腹立たしくなってきた。

しかし、田辺も言っているように、「人生の最後に会社を経営してみたい」と夢みる中高年男が意外と多いのである。これは挫折setbackを知らない大企業big firmsや地方の優良企業local blue-chipsの幹部サラリーマンに多いようである。要は経済的に恵まれ仕事にも自信がある。会社に縛られた反動からか、最後にひと花咲かせたい、という願望desireなのである。「オレは会社で何億、何十億も動かしてきた。小さな会社の1つや2つ経営できる」とナメてかかっているのだ。まさに自信過剰excessive self-confidenceの夢見る「夢男」dreamerなのである。

いまや会社の売り買い（M & A = Merger and Acquisition）が、小金持ちサラリーマンのレベルまで身近になってきている。それはもちろん、世間を騒がせたライブドア・堀江貴文社長のニッポン放送とフジテレビ買収劇で、M & Aの認知度recognitionが一挙に高まったことも理由の1つである。

ライブドアの話を持ち出すまでもなく、ベンチャーの若手社長の間で、金融・証券finance and securities、通信communication、旅行travel、レジャーleisureなどリアル市場の争奪戦が始まっている。彼ら虚業ベンチャーの社長にとって、会社は苦労して作るものではなく、「買うもの」であることが常識common assumptionになっている。だが、この思い上がりに大きな落とし穴unexpected pitfallsが待っている。

その後、田辺からは役員コースに残れそうだ、2、3年頑張ってみる、と断り cancel の電話が入った。ホントかどうかわからない。だが、その方がいい。32 年も大企業のぬるま湯 lukewarm water に浸かってきた男に経営 managing ができるほど、ベンチャーの世界は甘くないからである。

「リストラ起業」と「エリート脱藩」が増えている

山一證券や北海道拓殖銀行が崩壊 collapse してリストラの嵐が吹き荒れた 1996、97 年ごろから、田辺のような中高年男たちの「リストラ起業」が目立っている。また 20 年前は考えられなかった一流企業の幹部 executive、エリート官僚 elite bureaucrats、日銀マン、高級エンジニア senior engineer など“エリートの脱藩”が相次いでいる。いまは国が大学教授を「大学発ベンチャー」などとおだて上げ、シロウト起業をどんどん奨めている時代なのだ。

国民生活金融公庫 National Life Finance Corporation の新規開業調査でも、脱サラ起業のきっかけを「会社の将来性が不安」、「会社の

《開業に踏み切った直接のきっかけ》

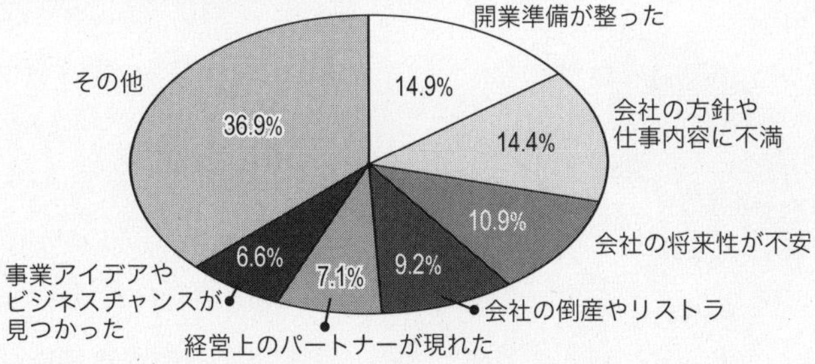

出典：国民生活金融公庫総合研究所「2002 年度新規開業実態調査」

リストラや倒産」、「会社の方針や仕事内容に不満」などを理由にしているのが34.5％に上り、リストラ layoffs や倒産 bankruptcy の影響が大きいことを裏づけている。

高度成長期 high-growth period のころの、満を持した野心むき出し、ハングリー精神旺盛な若手起業家 entrepreneurs が少なくなっているのだ。

国民生活金融公庫総合研究所の調査 research によれば、開業時の社長の平均年齢は2002年度で40.9歳、2003年度で41.4歳と、年々高くなっている。2002年度でいえば、そのなかで50歳以上が占める割合は22.9％。今後、団塊世代の定年ラッシュが始まると、この割合 proportion はもっと高まるだろう。高度成長期、独立開業は若者の専売特許だったが、いまは中高年主導 aged-lead で動いているのである。

続いて、下のデータを見ていただきたい。大手持ち帰り弁当チェーン（ほっかほっか亭）のフランチャイズに加盟した脱サラ起業家740名の年齢構成 age composition である。平均年齢は49.5歳と高い。この弁当チェーンの開業資金は2200～2300万円。若い人にはこの資金が用意 raise できないという理由もあるが、フランチャイズ加盟者は40、50代が圧倒的 overwhelmingly に多いのも、また事実だ。それは中高年サラリーマンが、「本部（他人）

《フランチャイズ加盟者の年齢構成》

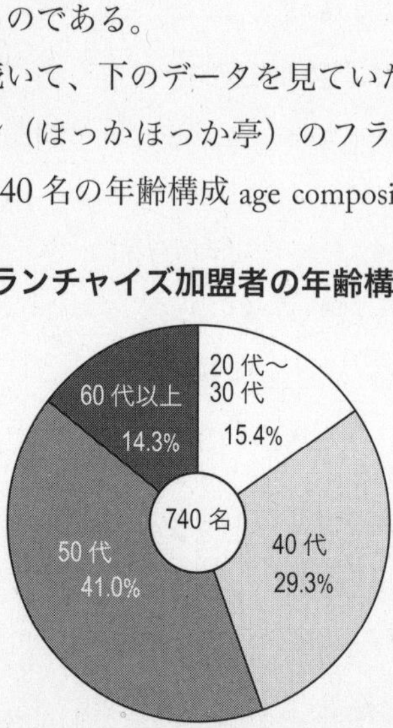

のお膳立てした事業に乗りやすい」という証拠 proof でもある。この他人任せの脱サラパターンは失敗確率が高く、危険きわまりない。

この中で最も多い 50 代の加盟者 franchisee を見ると、55 歳未満が 6 割を超えている。このデータからは、脱サラ起業を決断 decide したのは 45 歳から 55 歳までの、働き盛り working prime の 10 年間に集中していることがわかる。それはまた人生半ばの中高年たちが、リストラの標的 target にさらされ泣く泣く起業に追い込まれたという、悲惨な実態 sad reality を裏づけたものでもある。

マスコミや広告に煽られて脱サラしたシロウト起業家たち

ここ数年、サラリーマンの間では早期定年退職ブームが続いている。大企業がバタバタ倒れ、終身雇用 life-time employment が崩壊 collapse するなか、高度成長期のように 1 つの会社で一生を送る life-long commitment という、「単線人生」が送れなくなっている。第 2 の人生、第 3 の人生と転職・転業 switching job and career をくり返さなければならないのだ。そして、その選択肢 option の 1 つとして、脱サラ・独立開業 corporate dropout and start up a business が大きなウエートを占めている。

一方、マスコミが一部の IT ベンチャーをもてはやし、起業 start-ups なんて簡単という印象 impression を植えつけている。テレビには「億万長者起業家」なるいかがわしげな人物 figure が登場し、いまでは女性週刊誌でも女性起業家特集を組み、これでもかこれでもかと起業をアオっている。それで若者や女性の間に「手軽にカネ儲けしたい」という“サクセス幻想”が広がっている。

政府は「わずか1円で会社が作れる」と起業をあおるが、その実態は倒産を増やしているだけだ。写真：政府公報オンライン

政府 the government は、起業を支援 support すべく、2003年2月に「中小企業挑戦支援法」をスタートさせた。従来、会社設立時に有限会社 limited liability company で300万円、株式会社 corporate で1000万円という資本金 capital fund を用意する必要があったのだが、この法律のおかげで、資本金わずか1円で会社を起こすことが可能 possible to found a company になった。この会社は正式には「確認会社」というのだが、一般には「1円会社」と呼ばれ、バカリーマンやアホOLどもが、週末に楽して儲けよう an easy killing などと勘違いし、次々に会社を興すことになった。それで、この2年で「1円会社」は1万9000社も誕生した。

実は、「1円会社」は資本金がまったく不要になったわけではない。設立から5年以内に株式会社で1000万円、有限会社で300万円に増資 increase capital しなければならないのだ。それが出来なければ、当然のことながら解散・廃業 closedown である。

しかし、実際のところ、5年後に増資できる会社なぞ、ごくわずかしかあるまい。世の中は、そうそう甘くないのだ。

それでも、国や自治体 local government や商工会議所 Chamber of Commerce and Industry などが開く独立開業セミナーには、中高年や主婦、OLなどが押しかけている。ホントに稼げるのか疑問の、「週末起業本」「成功指南本」などもベストセラー入りしている。しかし、繰り返すが、現実はそんなに甘くない not that simple。

まぁ、自分だけは失敗 fail しないと思っている甘ちゃんには、いくら力説 emphasize しても、私の言葉は届くまい。しかし、失敗してからでは遅いのだ。そこで、まずは、いったいどんな人が、どんな理由で起業しているのか？　また、「脱サラ起業バカ」が陥りやすいワナ trap とは何か？　それを回避 avoid する方法は何があるのか？　以下、実例 real-world example に即して検証してみることにする。

【実例 1】仏壇・仏具の洗浄ビジネス

→敗因●お寺独特の閉鎖社会がカベになって市場拡大できず

三洋証券の早期退職 early retirement に応じて、1997 年に仏壇・仏具の洗浄ビジネスで起業 start up したのは、「メイクリーン市川」代表の中川正記（脱サラ時・53）である。証券営業 27 年のベテラン、年齢的に再就職はムリとあきらめて、人がやらないニッチビジネス niche business（隙間産業）を選んだ。第 2 の人生、人に使われず、息長くやれる仕事を探したのだ。

新聞記事でこのニュービジネスを見つけ、すぐ大阪の本部まで研修 training に出かけた。特殊な液で真鍮製の仏具を洗って磨く特殊技術の習得 master は 10 日かかった。お寺の仏壇・仏具の洗浄を請け負うと 20 ～ 30 万円になる。当時、関東ではまだ誰もやっていなかったのが最大の魅力 charm だった。まさに、シロウトでも短期間で独立できる手軽なビジネスだった。

1 カ月後、司法書士は使わず有限会社の登記手続きすべてを自分 1 人でやった。そして、営業用の中古バンを 70 万円で購入

purchase し、自宅マンションを事務所 office に、たった 1 人で独立した。それでも加盟金や研修費、洗浄液・資材費などで開業資金は 450 万円ほどかかった。経費はギリギリまで節約 save したが、立ち上げまでの運転資金 operating money を入れると総額 600 〜 700 万円はかかっているだろう。

開業後、中川はさっそく寺院に飛び込み営業 sales pitch をかけた。一般人には知られていないが、実は全国の寺院を網羅 cover した『全国寺院名鑑』なる 4 冊の大著が 35 年以上前に出版 publish されており、これを使えば営業は簡単だと思われた。

ところが、当初 2、3 年は、思うように仕事がとれなかった。お寺独特の閉鎖社会 closed society がカベとなり、市場にまったく入っていけなかったのだ。

結局、独立後、2 年間は証券マン時代の年収 annual income の半分以下ぐらいしか稼げなかった。3 年目からボチボチ注文が入るようになったが、最初に思い描いた「関東市場で 5、6 店経営」という事業構想は、“夢のまた夢” となっている。

【実例 2】割安通信サービス

→敗因●技術革新のスピードが予想以上で、参入企業も多すぎた

老舗のレンガ会社から脱サラして通信ビジネスを立ち上げたのは、クリエイトエコロジー社長の三井義郎（脱サラ時・55）だ。もともとこれはレンガ会社の新事業 spin-off だった。成熟産業のレンガの次の柱を育てようと、成長分野の通信 communication に参入 take part in したのだ。しっかりしたマーケティングをやったわけではなく、マスコミ報道や新聞、雑誌などで情報を集め、参入分野を絞った。

三井は部下を1人つけられ、1996年、新規事業 new business を担う子会社の専務 executive director となった。最初にやったのは国際電話が KDD（当時）に比べて安くなるという、台湾系通信会社の国際電話サービスの代理店 agency だ。通信衛星（CS）を使ったシステムは台湾の大手ソフト会社が握っている。いわば台湾の通信ベンチャーの東京代理店というわけだ。通信自由化後、雨後のタケノコのように登場してきたニュービジネスの1つである。

当時、日経新聞をはじめマスコミ各紙は、規制緩和 deregulation が進む通信ビジネスやインターネットがいかに有望 hopeful で儲かるか、派手な見出し headline で書き立てた。とくに、外国に比べて高かった長距離電話の価格破壊 price collapse が始まろうとした時期で、新聞も週刊誌も大特集を組んだ。

これらの記事は誤報 false report ではない。だが、なにも知らないシロウトを底なし沼の通信ビジネスに引きずり込んだという意味で、大いに罪作りだ。この派手な記事に煽られて、学生ベンチャー、脱サラ組、主婦、大企業子会社、三井義郎のようなリストラ組を巻き込んだ凄まじい参入ラッシュが起こった。一獲千金 fast money をねらって、塾や不動産屋なども次々に参入 started to pop up one after another。市場は百花繚乱の大混雑 congestion となったが、数年後、それらの花はすべて枯れ落ちてしまった。

安易なブームに乗った新規参入 new entry ビジネスなぞ、しょせん、武士の商法 idiot's business。三井の国際電話ビジネスも2年ともたず撤退 retreat した。というのも、通信ビジネスといっても大元の台湾の会社の実態は、"回線ブローカー" だったのだ。世界的に通信キャリアの再編成 reconfiguration が進むなかで、どの会社が生き残るか、一寸先は闇。そうした過当競争 severe battle で、しかも技術革新 technological innovation のスピードは凄まじく、弱小な台湾資本がたち打ちできる生易しい世界ではなかった。

結局、その台湾の会社も3年ほどで撤退 wind-up し、代理店料や中継基地局などの投資 investment で総額2000万円ほどがフイになった。

それでもめげなかった三井が次に手を出したのは、アメリカの洗浄剤 cleaner を引っ張ってきた環境ビジネス eco-business だ。これは洗浄剤でビルの外壁や道路、公園、公共施設の汚れや落書きを落とし、防カビ施工を行う環境美化ビジネスである。

親会社のレンガ会社は、なかなか見通しが立たない新規事業に見切りをつけ、支援 support を打ち切った。それで三井は部下2人とともに退職金代わりにいまの会社の経営を引き継いでいたのである。

その後、事務所も蒲田から高田馬場、世田谷とワンルームを転々としたが、売上 sales が立たず部下 staff も辞めていった。

三井は、いまはブローカーになって1人で動いている。

【実例3】変額保険のネット通販

→敗因●時期尚早でユーザー数が少なすぎた

三菱電機からソニー生命に転じ、1997年に保険代理店 insurance agency で独立したのは太田博之（脱サラ時・38）だ。太田は金融ビッグバン financial Big Bang の真っ只中、保険の総合商社を夢見て五反田のワンルームマンションを事務所に、たった1人で起業した。

太田は慶応大学工学部の大学院を出たエリートエンジニア。三菱電機では防衛・宇宙関係機器のシステム設計で活躍した。だが、

10年目でエンジニア人生の先が見え、「もっとエキサイティングな仕事をしたい」と、保険ビッグバンで急成長中のソニー生命に入ったのだ。そこで資産運用 asset management のウデを磨き、夜、起業スクールに通い、会社経営の実務 practice を身につけた。

太田が手がけたのは変額保険 variable insurance のネット通販 shopping on the Net である。富裕層 rich segment を相手にして資産を管理・運用 management and serving of assets するプライベートバンクが目標。

しかし、ネットに集まってくるユーザーの数なんてたかが知れている。一握りの富裕層を探し出すのは並大抵ではない。ビッグバンで急成長 rapid growth の波に乗るはずだったが、脱サラして8年経ったいまもワンルームの事務所から抜け出すことができず、1人で悪戦苦闘 uphill struggle している。

日本社会が一握りの大金持ちと、そのほか大勢の貧乏人に二極化 polarize していることを考えれば、プライベートバンクという発想は正解だったかもしれない。しかし、『日経ネットビジネス』誌が年2回行っている「インターネット・アクティブ・ユーザー調査」では、インターネットを楽しんでいる51歳以上の高齢層 senior segment は、せいぜい10%程度しかいない。この数字は毎年確実に増えているとはいえ、保険のネット通販なんて、まだまだ時期尚早 pre-matured だったということだろう。

【実例4】半導体の微細加工ベンチャー

→敗因●資金不足でいつまで経っても下請けのまま

京セラの開発マン engineer から半導体 semi-conductor 関係の“1

人ベンチャー”を目指して起業 start-up したのは、テクノクエストの早瀬正樹（脱サラ時・47）である。早瀬は東京大学応用物理学科を出て東芝、京セラと研究畑 research and development を 20 年以上も歩んできた。専門は半導体部品の開発である。

京セラ時代には液晶ディスプレー LCD の開発責任者を務め、数多くの画期的 epoch-making な商品 product を世に送り出した。大企業は 3 億、4 億のニッチ市場には見向きもしない。しかし、この隠れた市場に将来大バケするおもしろい商品のネタが眠っている、と気づいた。そこで、1995 年にたった 1 人のハイテクベンチャーを立ち上げたのだ。

得意技術は半導体のマイクロマシニング micromachining（微細加工）技術。小規模だが、外注先 subcontractor を使い半導体デバイスメーカーとして企画開発 research and development から製造 production、品質検査 quality inspection まですべてをこなしていた。

この着眼点 viewpoint はよかったが、いかんせん、スタッフは自分 1 人。いつもいつも仕事に追われ、取引先との“条件闘争”する余裕さえなかった。結局、最後まで下請けからはい上がれず、創業 9 年で倒産 go under した。

【実例 5】オーダーメード・スーツのネット通販
→敗因●甘い見通しと少なすぎたスタッフ

ネットを使ってオーダーメードの男性スーツを受・発注するビジネスを始めたのは、アクロスタイルの森宏吉（脱サラ時・28）だ。2、3 万円台で自分好みのスーツが作れるのがウリ selling point。このニュービジネスが新聞やファッション誌に取り上げられ、3 日間で1000件ものカタログ請求があった。

森は大学を出て5年間、三井住友銀行に勤めた。銀行マンだったらいろいろな会社の社長 president と知り合える、というのが入行の動機 reason だ。

最初から20代で起業するのが森の夢だった。彼のように会社を踏み台 stepping stone にして事業を立ち上げる若者たちも、最近では珍しくない。

ところが、このバカ受けした「オーダー・スーツ」ビジネスは、結局、2年ともたなかった。なぜなら、デザイナーや縫製工場 sewing plant の確保が不十分だったからだ。1人で始めたので、情けないことに注文もさばけなかった。仮にできたとしても、ファッション衣料は客のクレーム処理 claim management や品質管理 quality control が大変なのだ。1人や2人でできる事業ではない。かくてあえなく撃沈 crash した次第である。

以上、脱サラエリートたちの失敗例を見てみたが、彼らの落ちたワナは、自分勝手な思い込み illusion で突っ走ったことである。事業アイデアや着眼点はいい。潜在ニーズもある。だが、ドロ臭い営業力と実務経験 real experience の裏づけ well-supported がなかった。後で詳しく触れるが、大企業出身サラリーマンが失敗するのは、「思い込み」illusion「自信過剰」overconfidence「経験不足」lack of experience の3パターンなのである。

要は起業をナメているのだ。結局、サラリーマン時代の体験をそのままビジネスに持ち込んで失敗するのである。これが「起業バカ」の典型 typical case だろう。

【実例6】英語のホーム・ティーチャー
→敗因●同じ教室があちらにもこちらにもオープン！

続いて、「主婦起業家予備軍」の虚栄心 vanity をくすぐった悪徳商法 scam を紹介しよう。主婦に身近な幼児教育 preschool education とか、健康 healthcare、美容 beauty、ダイエット diet、育児・託児 childcare、ハウスクリーニング housecleaning などの分野 field に詐欺まがい商法が多い。

サイドビジネスのつもりの英会話スクールでドロ沼にハマったのは、川崎市の主婦荻原裕子（起業時・44）だ。大阪に本社のある有名なジュニア英語スクールのチェーンに加盟 join し、2003 年 4 月から教室を始めた。ところが、フタを開けたら稼ぐどころかたった 4 カ月で 200 万円をフイにしたのである。

きっかけは、「あなたもホーム・ティーチャーを始めませんか、無料説明会開催中」と誘った読売新聞の広告 advertisement。「先生」という職業 career に引っかかったのだ。

荻原は 4 年制大学の外国語学科を卒業。英語が好きで英語の先生に憧れていた。当時は離婚 divorce したあとで、母親が社長を務める水道工事会社の経理 accounting を手伝っていた。女の子 3 人の子育て真っ最中。なんとか新しい副収入 secondary income の道が欲しかった。このあせる気持ちがアダとなった。

このスクールは、主に自宅 home で開ける大卒主婦が対象。契約金 3 万円。生徒募集の応援費が 5 万円支給 pay される。契約 contract は 2 年。実は「小遣い程度で始められる小資金ビジネス」と錯覚 confuse し、多くの主婦がハメられているのだが、当時の荻原はそんなこと知りもしなかった。

先生たちは、ほとんど4大卒で夫も大企業 big firms のサラリーマンが多く、生活の心配はない。いまさら、コンビニやスーパーなんかでバイト part-timer はできない。その点英語の先生なら格好がいい。「英語教室」の看板 sign board を出すことで、主婦仲間でミエが張れるのだ。そんなハイソな主婦の虚栄心 vanity をくすぐられた。

月謝は1人5000円（月4回40分授業）でその半分を本部が吸い上げるが、成功 succeed すれば“女性起業家”のはずだった。荻原は、これなら大丈夫だと思い、契約を結んだ。

スペースの関係で、荻原の自宅マンションでは教室が開けなかった。それで所有していたマンションの一室を使った。これで毎月6万円入っていた家賃収入 rent income がフイになった。その分稼がなければと意地になった。そこにも深みにハマってしまったワケがあるのだが、それよりなにより、実際の業務はあまりにも大変 hard だった。生徒集めから春・夏・冬のイベント、月謝・教材の集金 collection、週間の報告書作成など、雑務のすべてを自分の責任 own responsibility でやらねばならない。そのほか教材 course material や文具 stationeries やバッグなどの販売もさせられた。もちろん、教室の場所を知らせるのぼりや看板なども自前 own expense だ。

最初、新聞の折り込みチラシ flyer を2000枚まいたら8人から電話が鳴った。それでチラシをまけばかならず電話が鳴る、とカン違いした。「生徒集めの応援費5万円もらったからいいや」と気が大きくなっていた。だが、その後いくらまいても生徒は集まらない。チラシや広告を50回以上も打ち、生徒募集だけで100万円以上も使った。これは領収書 receipt が出てきた分だけで、実際はもっと使っている。

荻原は、ホーム・ティーチャーの試験に合格し夢がかなった dream comes true と錯覚していたから、教室開設後、生徒集めの広告にズルズル大金をつぎ込んでしまった。それが失敗の最大の理由だが、この広告費はどうして効果 effect が出なかったのか。

実は、本部は商圏 market-area size のことなど関係なく、全国に教室をどんどん増殖させていた。その数は 11500 教室もあり、さらにその上、年がら年中、先生集めの広告を打っている。むろん、その方が本部 headquarter は儲かるからだが、先生はたまらない。近くにどんどんライバル教室が増えていくのだ。信じられないことに、100m 先にも同じ教室ができた。これじゃお互い共倒れ fall down together になってしまう。

生徒集めや教室の運営法にも、本部は適切な指導 appropriate guidance をしてくれなかった。だから暗中模索 grope in the dark で主婦のシロウト商法でやるしかない。それでなくても少子化のいまは、教育ビジネスで食べていくのは大変だ。

いったいなぜ、こんなことに気づかなかったのか。

「そこがこの会社のズルイところで、契約書にハンコを捺《お》した後、すべてのことが明かされるんですよ。契約後の研修で生徒集めとか教室運営のやり方などを初めて教えるんです。そのとき大変だなぁ、と気づいても遅いんです。契約書もその場で読み上げて、すぐハンコを捺さなければならないんです。家に帰ってじっくり読むとか、夫に相談するなんて余裕は与えないんですよ。ハンコを捺したが最後、“鵜飼いの鵜”にされるんです」

主婦の弱み weak point と無知 ignorance につけこんだ契約のやり方だ。悪徳フランチャイズはみんなこの手を使っている。「先生」という見栄に騙された自分が悪いのだが、ハンコを捺したら負けである。

時給はたった 200 円。教材や文具の販売が本部の狙い？

荻原裕子は、このスクールがフランチャイズ（FC）だとは知らなかった。本部から事前に説明を受けた記憶 memory もない。ただ、趣味と実益 combining favorite and benefit のサイドビジネスと考えていた。

大体、この程度の英語教室は FC に馴染まないだろう。しっかりした事業 enterprise として成り立つ基盤 foundation が弱いからだ。事実、十分な教育マニュアルも運営マニュアルもなかった。情報の開示 openness もない。それより決定的なのは、本部が「給与所得の源泉徴収票」を出していたことだ。独立自営業者 self-employed individual が原則の FC ではあり得ないことである。

FC を騙《かた》っているのは、後で触れるが「契約書」をタテに違約金 penalty charge や損害賠償金 compensation for damage が取りやすいためだ。

なにも知らない荻原は、やみくもに広告を打ち生徒を集め続けた。その結果、幼稚園児 kindergartners と小学生 elementary schoolers で最高 23 名まで集まった。本部からは表彰されたが、生徒の予定を優先して教室を組んだため、「1 人教室」が多く、教える効率 efficiency が悪くなった。もちろん、それは荻原の自己責任 self-responsibility である。だが、FC を謳うからには、本部は先生が収入をあげられるよう、指導すべき義務 obligation がある。

この本部のやり方をジックリ検証すると、英語学習など二の次で、生徒を集めるだけ集めて教材や文具類を売りつける、「内職詐欺商法」の疑い doubt が見えてくる。その点、世間知らずで経済観念 sense of economy がユルい主婦先生などは、生徒集めの格好の道具となる。まさに「鵜飼いの鵜」なのである。

その証拠に、生徒１人あたり２～３万円の教材を売りつけるほか、ボールペン 800 円（10 本）、下敷き 700 円（10 枚）、テレカ 570 円、便せん 900 円、風船 1200 円、キャラクター人形 1500 円などのオリジナル商品を数十種類も用意 provide している。本部にすれば途中でツブれた先生など、違約金を取ってどんどん入れ替えればいいのだ。

単純な教材販売だけなら消費者保護法 consumer protection law のクーリング・オフ cooling-off で、お客から返品 returned goods される恐れがある。そこで FC を騙り、「主婦起業家（実態は教材販売員）」を間に立てることで返品リスクや苦情 complaint などから逃れられるのだ。そのうえ FC 契約を結んでおくと、途中解約したら違約金と損害賠償金 compensation payment が取れる。FC は契約書さえしっかりしていれば、本部の瑕疵《かし》 defect を問われることはないのである。こうした法律のヌケ穴を利用した悪徳商法 scam を取り締まる法律はなく、いまのところ野放し状態 unchecked である。

結局、教室の方は単純に時給 hourly pay 換算すると 625 円にしかならなかった。もちろん、それは夜中までかかって準備した教材や事務作業、生徒管理、生徒募集の拘束時間 binding hour や手間などは除いてある。だから正味 net の時給をハジくと、200 円いくかいかないかだろう。開業費、生徒募集費、研修にとられた時間などはマル損だ。それより本業の経理の仕事に影響し、続けるだけ損害 loss が膨らむ一方だった。結局、夏休みに入る7月一杯でスクールを閉鎖した。

荻原の場合も4カ月の中途解約 cancellation of contract に当たり、契約書どおり本部から78万5150円の損害賠償請求で訴えられた。納得できなかったが、勝ち目がなかったので30万円で和解 settlement に応じた。主婦の身では泣き寝入りするしかなかった。

こんな詐欺まがい商法の広告が、審査 screening に厳しい朝日新聞や読売新聞に堂々と載っている。「朝日新聞」という看板 reputation を信じて入った無数の名もない主婦たちが、毎日、ワナにハマって trapped、アガいている。

「相談に行った弁護士さんに目の前にお茶碗を出されて、“これは200円で買おうと100万で買おうと、あなたの自由なんだよ。あなたはそれを100万で買ったんだ”と言われたとき、目の前が真っ暗になりました。悔しくて悔しくて。契約書にサインしたらもうおしまい。それが法律に触れない、と言われたとき、なんで？　とビックリしましたねぇ」

荻原裕子のケースは、200万円で済んだからまだキズ damage は浅い。FC詐欺の場合、1000万、2000万の被害はザラなのだ。よほど慎重にFC本部を選ばないと、全財産 entire fortune をアッという間にカモられてしまうだろう。

この種のサイドビジネス詐欺は、英会話を筆頭に、テープ起こし、パソコン在宅ワーク、医療事務、浄水器、化粧品、下着、健康食品販売、生ゴミ処理機、コオロギ養殖、ポスティングなど百花繚乱。

新聞広告や折り込みチラシ leaflet、フリーペーパー free paper、アルバイトニュースなどの媒体 media で、一般の求人ニュースに交じって載っているからダマされやすい。最近はインターネットの検索エンジンで、誰でも簡単に引き出すことができるから、なお怖い。

団塊世代の退職金30兆円を狙った悪徳ビジネスが蠢く

2007年から大量の定年退職 age-limit retirement が始まる団塊世代 baby-boomers。この小金持ちの団塊世代の退職金 retirement allowance を狙ったビジネスがうごめき始めている。起業がらみでは、「投資」investment「マルチ商法」pyramid selling「フランチャイズ」franchise chain この3つのビジネスが代表格だろう。

終戦後の1947年から1949年に生まれた団塊世代は約800万人、退職者は680万人に上る。退職金と年金 pension をもらうリッチな層だ。しかも、団塊世代は元気で一生働きたいという希望を持っており、定年後の起業や投資にも意欲的なのである。

東京都の調査 research によると、退職金の見込み額は1人平均1938万円。これをもとに団塊世代の退職金をハジき出すと、総額で132兆円という莫大な金額 huge amount になる。退職金の使い途 how to use は貯蓄 saving やローンの返済 repay が大半だが、2割以上はまだ決まっていない。その余裕資金は少なく見積もっても30兆円はあるだろう。

そのうえ団塊世代は持ち家など2000万円近くの金融資産 financial asset を持ち、定年後には年間250万円の年金を受け取るのだ。それを見込んだ投資詐欺師 investment scam やマルチ商法 chain

《退職金見込み額》

45～54歳　平均1892万円

3000万円以上	17.7%
2000～3000万円	1.4%
1000～2000万円	19.5%
1000万円未満	14.6%
無回答	26.8%

55～64歳　平均1997万円

3000万円以上	21.4%
2000～3000万円	23.0%
1000～2000万円	19.9%
1000万円未満	20.4%
無回答	15.3%

出典：東京都生活文化局「高齢期における資産運用と生活設計」、母集団は373世帯

referral、商品先物取引会社commodity futures trader、フランチャイズ本部franchiserなどが、オイシイ話を仕込み虎視眈々と狙っている。

フランチャイズ（FC）業界に関しては、第4章と5章で詳細に触れるが、荻原が被害にあったような悪質maliciousなモノも含め、退職金ねらいで躍起となっている。最も熱心なのは、コンビニ、ラーメン、居酒屋、弁当、宅配ピザなどの“シロウト起業”に適した業種だ。いずれのFC本部も「第2の人生、夫婦仲良く独立開業」などといった甘いキャッチコピーで誘っている。大手コンビニチェーンでは、団塊世代にターゲットを絞り、開業資金500～600万円の小資金タイプの展開expansionに力を入れている。全国統一の営業形態を押しつけるのではなく、地域市場community marketに合った店づくりと条件を緩和しているのだ。

しかし、これらの業界は市場も飽和状態saturated stateで競争も激しくrat race in the business、成功確率はきわめて低いと言わざるをえない。とくに、本部設立が間もない新手のFCなどには警戒precautionを要する。大したノウハウもなく成功実績が少ないからだ。契約書にハンコを捺したが最後、退職金は戻ってこないとの覚悟がいるだろう。

無防備な団塊世代を狙う投資グループ

フランチャイズは、悪質なモノも多いが、必ずしも詐欺 fraud というわけではない。だが、世の中には、完全に詐欺同然のグループも多いのだ。

東京・新宿で会社の設立代行を行っている有賀一平代表は、

「この団塊世代を狙った大掛かりな投資グループが、昨年、大阪で立ち上がった」

と打ち明ける。彼の会社の大阪支店が、2004年4月、そのグループの元締め会社 controlling firm の設立 foundation を請け負ったというのだ。つまり、巨額の資金 huge capital が動き始めたので、受け皿会社 receiver を作ったというわけだ。有賀はその実態 reality をこう明かす。

「こういう大きなグループでは主宰会社は1社じゃないんです。幹部数人でいくつかのグループに分け、それぞれ関連会社を作って動かしているんです。扱うのは金融商品。要は投資話でしょう。末端のメンバーは3000名ほど動いているらしい。ボスは宗教関係という噂です。それで毎日100万単位の金が入ってくるので、個人口座だと銀行や税務署に怪しまれるので会社を作ったワケですよ。こうした会社は定款の1番、2番、3番にはワケのわからない日用雑貨とか介護、インターネットなどと書いてカモフラージュするんです。それで4番目か5番目に“有価証券取引”とか“外国為替取引”と書いておき、表向き何をやっているかわからないよう装うワケですよ。しかし、実はこれがメインなんです」

殺し文句は「出資金が１年で倍に！」

シロウトをだます詐欺集団 fraud ring として、2002 年 1 月に破綻 break up したマルチ商法の「八葉物流グループ」を例にとってみよう。

八葉物流グループは、全国八葉物流（沖縄）を中核に八葉薬品、八葉建設など 7 社の関連会社を作り、5 万人から 1600 億円もの資金 fund を集めていた。これまで 2000 億円で被害額トップの豊田商事（1987 年)、1100 億円の大和都市管財（2001 年）に匹敵する巨額詐欺事件である。

八葉グループの手口 methodology は、健康食品を購入した会員に「出資金 150 万円が 1 年で 2 倍になって戻る」と、利殖 accumulation を騙ったものだった。会員は出資額に応じて「代理店」「特約店」とランク付けされる。新規会員の勧誘数に応じて配当金 dividend の高い「販社」に昇格するシステムだった。その後のアイエーエス事件（被害額 400 億円）などのモデルとなった「利殖とマルチ商法」を組み合わせたものだ。

「全国八葉物流」が販売していた健康食品。こんないかがわしいモノに騙され、なけなしのカネを取られるのはあまりにもバカらしい。写真：共同通信社

八葉グループの田所収会長（逮捕時・68）は、自らを「マルチ業界のリーダー」とうそぶいていた。20 年前から「エスティー商会」など社名を次々に変

えて、いくつものマルチ商法を立ち上げてきた“仕掛け人”trend-setterなのである。

当時の新聞記事を見てみよう。

《田所容疑者は会員らを集めた集会の席などで、「八葉の健康食品販売事業は、被害者も加害者も出さないシステム」「悪質なマルチ商法で失敗した人を救いたい」などと説明。出資を募る際は、法律で認められた正規のマルチ商法（連鎖販売取引）であることも強調していた。

しかし、逮捕後は、八葉の事業は破綻必至のシステムだったことや、マルチ商法に必要な商品の流通ルートも確保されておらず、会員から集めた出資金を配当に回す自転車操業だったことを認める供述をしているという》（朝日新聞2002年11月29日）

このように、彼らは破綻することを承知しながらシロウト会員を誘う、確信犯convinced criminalなのだ。こうした投資話やマルチ商法は、不景気business depressionになると大流行widespreadする。その点で、いまは「不況」、「超低金利」、「団塊の退職」と悪徳ビジネスがはやる条件がすべて揃っている。

マルチ商法に詳しい起業コンサルタントは、「この世界のリーダーたちには1980年代の豊田商事（純金ペ

《過去の巨額詐欺事件》

企業、団体	摘発時期	推定被害額
(1) 豊田商事	1987年	2000億円
(2) 八葉グループ	2002年	1550億円
(3) 大和都市管財	2001年	1100億円
(4) 法の華三法行	2000年	950億円
(5) 投資ジャーナル	1985年	580億円
(6) ココ山岡宝飾店	1998年	420億円
(7) 経済革命倶楽部（KKC）	1997年	350億円
(8) ジー・オーグループ	2002年	300億円

ーパー商法）の残党 remnant たちが入っている」という。マルチの地下人脈 underground connection とノウハウが脈々と受け継がれており、社会を騒がす巨額投資詐欺事件を引き起こしているのだ。その上、これらの事件では被害者 victims までタブっている。

次の記事を見ていただければ、そのことがハッキリわかるだろう。

《東京の宝石販売会社「グランドキャピタル」の出資法違反容疑事件で逮捕された元会長の矢吹寿雄容疑者（42）らが、警視庁が02年に詐欺容疑などで摘発した健康食品販売会社「全国八葉物流」（本社・沖縄）の元会員を狙って出資金を集めていたことが、大阪府警の調べでわかった。元会員は「損を取り返しませんか」と巧みに勧誘されていた。府警は、八葉物流の被害者を取り込む手口で会員を急増させたとみている。（中略）

グランド社の元会員によると、矢吹容疑者は、他のマルチ商法まがいの会社名をあげて「あそこは近くつぶれるが、うちは大丈夫」と勧誘したこともあったという。府警は、グランド社が集めた約3千人の会員の多くに八葉物流の元会員が含まれているとみている。また、会員を「代理店」と呼び、新たな客を入会させるとマージンを払う八葉物流のやり方と、グランド社のシステムが似ていたことから、府警は、グランド社が手法もまねた疑いがあるとみている》（朝日新聞大阪版 2004年9月19日）

こうした悪徳投資やマルチ商法の参加人口は、全国で400～500万人といわれている。低金利 low interest のいま、副業感覚で20万、30万投資する主婦が増え、スソ野 base はどんどん広がっている。

確かにマルチ商法自体はネズミ講 pyramid finance scheme と違って合法 legal だが、その多くは悪質商法といって過言ではない。主宰している会社は、500 ～ 600 社ほど設立され野放し状態 at large で蠢《うごめ》いている。その中のカリスマ社長など、毎年発表される長者番付ベスト 100 人中、常時 5、6 人がランク入りしているのだ。

朝日、読売、日経にも悪徳商法の広告が載っている

悪徳会社や詐欺商法は、社会の片隅 corner of society でコソコソやっているのかというと、そうではない。朝日新聞、読売新聞、日経新聞などの大マスコミ mass media にも堂々と広告 advertisement を打って、加盟店や投資家集めを行っている。今回取材した失敗例でも、新聞や有名雑誌の広告を鵜呑みにしてダマされたケースが目立っていた。

公募新株式発行に関する取締役会決議公告 平成11年10月15日

株主各位

MTCI

株式会社エムティーシーアイ

http://www.mtci.ne.jp

記

株式会社エムティーシーアイ 公募新株式のお申込み方法のお知らせ

TEL 0120-334-020

株式会社エムティーシーアイ

MTCI は、日経の全面広告でいきなり株主を募集、24 億円集めて倒産した。写真：日経新聞 1999 年 10 月 15 日

ベンチャー株の公募増資 public stock offering で 24 億円集めて破綻したエムティーシーアイ（MTCI）事件などは、その典型 typical case だろう。1996 年に設立したプロバイダーの MTCI は、上場 initial public offer をエサに投資家を募集したベンチャー投資詐欺だ。そのやり方

《この５年で発覚した主な悪徳・詐欺商法と経済事件》

月日	事件名	事件内容	被害者（人）	被害額（億円）
2000年1月	会社設立詐欺	投資家集団が再就職に悩む中高年から会社の設立資金を詐取	1000人	30
2000年4月	ベンチャー融資詐欺	ベンチャー企業への融資で高収益と騙り会員から資金を詐取	525人	44
8月	光通信、代理店閉鎖	強引な架空販売が発覚し携帯電話の代理店1050店を閉鎖	1050店	560（損失）
10月	KSD豊明会事件	中小企業支援で会費を集め不正融資や親族を役員に私物化	100万人	200
12月	MTCI投資詐欺	ネット企業のMTCIが上場エサに未公開株を公募し詐取	—	24
2001年3月	ネズミ講詐欺	インターワールドは商品のカタログ販売を装いネズミ講を展開	160000人	96
6月	融資手数料詐欺	会社役員鈴木好信は融資先を紹介すると持ちかけ手数料を詐取	5100	5
8月	融資金詐欺	コンサル会社のエヌ・エス・ケイは銀行から融資金をだまし取る	銀行	2
2001年9月	偽ブランド通販事件	通販のフレンドリーが偽ブランド品の製造販売に手を染め倒産	—	127（負債）
11月	平成経済企画融資詐欺	全国の中小企業経営者を相手に融資話で手形などを詐取	5000	68
2002年1月	八葉物流詐欺事件	1年で出資金が2倍になるとのニセ情報で会員から出資金を詐取	50000	1600（出資金）
2月	キャリアリンク事件	内職斡旋を口実にして研修用の高額教材を売り付ける	14000	10
4月	アイエーエス事件	健康食品の販売と利殖を組み合わせたマルチ商法詐欺	20000	300～400
4月	アルビアン投資詐欺	ザクロジュースや健康水の販売スタンドへの投資を誘い詐取	3000	100
4月	東京通販物流事件	仕事で使うパソコンの保証金名目でリストラ中高年から詐取	9000	4
9月	ジー・オーグループ事件	通信販売の広告事業での高額配当をエサに出資金を詐取	10000	330
9月	グランドキャピタル事件	1年で元手が2倍との触れ込みの貴金属・宝飾品のマルチ商法	—	100
11月	内職紹介詐欺	主婦にテープ起こしの内職をエサに研修教材を売りつける	12000	9
2003年1月	起業家情報センター事件	起業家支援を表顔にウラではテープ起こしの内職詐欺	52000	65
1月	ローライフ内職商法	美術工芸品の製作技術の習得をエサに教材を売りつける	—	2
3月	プレイスブライド事件	海外での高利回りファンド運用の架空投資話で会員集める	1500	80
2004年1月	ジャパンメディア事件	架空のIP携帯電話の開発話をエサに代理店加盟料を詐取	—	21
2月	メイプルウッド事件	健康食品のチラシ配り内職の代理店委託の契約金を詐取	9000	40
4月	ESI投資詐欺	環境ベンチャーESIが架空売上と増資を繰り返し計画倒産	—	25

（新聞・雑誌報道・帝国データバンクの調査をもとに著者作成）

は、証券会社 investment bank を通さず、1999 年 10 月 15 日付の日経新聞朝刊に全面広告を出し、いきなり株主を募集するという荒っぽいものだった。

一般に未公開ベンチャーの増資 rights offering は、知り合いの企業や個人投資家 individual investor などに割り当てられる。公募する場合も、証券会社を仲介役 mediator にして集めるものだ。それが新聞広告でいきなり集め、しかも、額面 5 万円の株を自社で勝手に決めた 256 万円で 4000 株売り出すという、ズサンなやり方だった。それでもネットバブル真っ最中、同社がネットベンチャーに投資していたことで 24 億円も集まった。

こんな事業実態のない no based on reality 会社が、日経新聞の記事で何度も登場し、注目ベンチャーと持ち上げられていたのだ。実際は毎月 2 億円の赤字 loss を出していた。こんな例は、氷山の一角 tip of an iceberg なのである。

それと意外に多いのは、朝日、読売、毎日の一般紙の地域版に折り込む「求人チラシ」を利用するケースである。一回の広告料 ad rate が 3 〜 4 万円と安く、地域に密着した募集ができるため、多くの企業が使っているのだ。また、ベンチャー企業 start-up company を対象にした各種のビジネスショーやフランチャイズショーにも堂々と出展し、加盟者集めを行っており、一般企業との見分けがつかない。

投資詐欺やマルチ商法は、一流ホテルを借り切って派手な説明会 briefing や懇親パーティー party を開いている。MTCI も新年会を東京プリンスホテルで開き、国会議員 member of parliament を呼び横綱の曙に鏡割りをさせている。芸能人、政治家 politicians、スポーツ選手 jockstrappers を会員集めのハクづけとして利用するのは、悪徳ビジネスの常套手法 usual measure である。

1人のカリスマリーダーを頂点 top にピラミッド型のセールス軍団を作り、全国に組織網 network を張りめぐらしている。つまり、メディアと口コミをうまく使い分けて人集めとカネ集めをやっているのだ。

これは教祖を中心とした宗教団体 religious group の布教宣伝活動とまったく同じ構造 same structure なのである。

★Column 1

「マルチ商法」って何？

警察庁のホームページによれば、マルチ商法とは「販売組織の加盟者が消費者を組織に加入させ、さらにその消費者に別の消費者を組織に加入させることを次々に行うことにより組織をピラミッド式に拡大していく商法」である。

これではあまりにもわかりにくいので、もう少しくだけた説明をしよう。

まず、会員は会社から化粧品、健康食品、健康器具などいろいろな商品を買う。その商品を再販売する際、知り合いにも会員になるよう勧誘する。知り合いが入会したら、1人あたりいくらという紹介料が入る。たくさんの人間を入会させれば、実績に応じたボーナスが支給される……。

これなら連鎖式に会員が増え、商品が売れ、会員みんなが潤うという理屈である。正式には、マルチレベル・マーケティング・プラン（多層式販売方法）といい、商品の販売ルートが少なかったアメリカの会社が1930年代に考案したとされる。

法律的に言えば、

(1) 商品の販売事業
(2) 会員になる場合に入会金や商品代金などを負担
(3) 新しい会員を紹介した会員には報酬を支払う

という3つの要件を満たせば、マルチ商法となる。

会員が新しく参加すれば報酬がもらえるので、当然のことながら

Column ★

勧誘は強引なものとなり、大きな社会問題となった。また、大量の在庫を抱えたり、事業の破綻で高額な入会金が返ってこなかったりする被害も相次いだ。しかし、広告規制、契約書面の交付、クーリング・オフの設置といった条件が整えば、この販売制度自体は違法ではない。

似たようなシステムに「ねずみ講」があるが、こちらは「生産的な活動を伴わない金品配当組織であり、新しい加入者の勧誘が必ず行き詰まり、組織の維持が不可能である」（警察庁のホームページより）点で、開設、運営、勧誘等の一切の行為が禁止されている。よく言われることだが、1人が確実に2人の人間を組織に引き込んだと仮定すれば、27代目には日本の人口を超えてしまうのだから、どう考えても儲かるわけがない。

前述のようにマルチ商法自体は合法だが、筆者に言わせればマルチ商法はネズミ講と同じような悪徳商法である。こんなものに決して引っかかってはいけないのだ。

警視庁は、ホームページで《こんな言葉に注意しましょう》と警告している。

◎「会員になって新規購入者を紹介してくれたら、高いリベートが手に入ります」
◎「月に100万円の利益をあげている人もいます」
◎「この商品は売れますよ。確実に儲かります」
◎「会員を増やすと、その会員が頑張ってくれた分もあなたの利益になるんです。楽に儲けられますよ」

うまい話にはいつだって裏があるのである。

Chapter 2
第2章

起業でハマる３つのワナ
Three Kinds of Traps That Start-ups Face

「会社病」、「新聞病」、「依存病」の３つの落とし穴

起業 start up a business には「見込み違い」や「カン違い」がつきものだ。どんな綿密に練った事業計画 business plan も、しょせん、絵に描いたモチ like wax fruit だからである。アイデアを思いつくのと、実現するのとでは、天と地ほどの開き difference がある。そのことが、世間知らずのサラリーマン naive salaried worker にはまったくと言っていいほど理解 get it できていない。

そもそも、アイデアとは単なる予測 prediction であり、実行の過程 carry-out process でまったく違ったものになっていくことも多い。現在のように変化の激しい世の中では、当然の話だろう。だが、頭でっかちな人間 armchair theorist ほど、状況の変化 change of scenery についていけない。周囲の流れが激流 torrent になっていることに

気付かず、ボートや浮き輪といった準備もなにもなく、ただひたすら裸で泳いだら、溺死《できし》 drowned するのも当然なのだ。

それだけではない。言うまでもなく資金集め fund raising も大変だ。マーケティングなど当てにならない。そうしたさまざまな予想外の出来事 unexpected matters に対して、どれほど軌道修正 course change できるか、それが社長のウデの見せどころなのである。

それでは経営者は、いったいどんな失敗 failure を犯してきたのか？　その原因ははたして何なのか。

アメリカの経営学の権威であるシドニー・フィンケルシュタイン Sydney Finkelstein（ダートマス大学教授）は、世界のビッグカンパニー 60 社の失敗事例を分析した名著『名経営者が、なぜ失敗するのか？』（“Why Smart Executives Fail: And What You Can Learn From Their Mistakes” Portfolio, 2003 橋口寛 / 酒井泰介・訳 日経 BP 社）で、経営者が落ちる落とし穴 pitfall を 3 つあげている。

⑴ 1 つの原則やモデルを成功の秘訣と信じ込んで判断する
⑵ 永遠に達成できない戦略に熱をあげる
⑶ 事業運営上の評価基準を間違ってしまう

この 3 点である。これはアップルコンピュータ、モトローラ、GM、ソニー、雪印などの世界的大企業を 6 年かけて現地調査した労作である。名経営者 smart executives と謳われた大企業のリーダーたちも、大きな仕事を手がけるとき、うぬぼれや過信 over-self-confidence が重なり、現状認識を誤って大変な失敗を犯してきたというのだ。

《ビッグビジネスの失敗の原因は、ほとんどの場合、まず道を誤り、そのまま突き進んでしまうことにある。取り返しのつかない大問題に至るまでに、必ずいくつかの小さな失敗が先立つものだ。ただし、ビッグビジネスの敗北の中心には、たいていの場合、盲点となっていた原因がある。その盲点とは、経営者のひどく歪んだ現状認識である》（シドニー・フィンケルシュタイン『名経営者が、なぜ失敗するのか？』）

フィンケルシュタインの言葉 words は、起業の際にも、最初の一歩 the first step がいかに大事であるかということを教えてくれるはずである。

また、経営者が引っかかったワナについても次の４つをあげている。

⑴ 賞味期限切れの答え（古い技術や顧客ニーズに合わなくなった商品）にこだわった
⑵ 新市場でのリスクを軽視した
⑶ 自分の能力と自社の力を見誤った
⑷ “柳の下のドジョウ” を狙った

この４つであり、まさに傾聴 attentive hearing に値すると言うべきだろう。

フィンケルシュタインは、面談調査した大企業のトップは、いずれも経歴、経営能力、業界知識ともバツグンの人物だったと高く評価している。ビジネスの敗因 cause of defeat は、キャリア career や能力 ability なのではない。どんな優秀な経営者でさえ、「自社の力を過信し、ライバル企業にタカを括《くく》った判断をして致命的な見込み違いを犯してしまった」と指摘 point-out しているのである。これは逆に、優秀であるが故にハマるワナでもあろう。

古今東西、企業の栄枯盛衰 ups and downs をたどってみると、多くが自己過信とライバルをなめ切った戦略 strategy をとって墓穴を掘ってきた。

われわれの身近な脱サラの世界でも、これと同様のカン違い illusion や見込み違い miscalculation が、いかに多いことか。大企業の失敗は、社長が責任をとって辞めればカタがつく。しかし、脱サラの場合、全財産をなくし、家庭崩壊 family breakdown に追い込まれ、人生がズタズタになってしまう。最悪の場合 worst case は自殺にまで追い込まれる。

現実に中小企業経営者 owners of small and mid-sized companies の自殺が急増し、いま、ワースト記録を更新し続けている。今回、取材したなかでも、借金 debt を苦にして自殺寸前まで追いつめられた人や、ワナにハメた相手を殺したいと思い込んだ人が何人もいるのだ。

私は、これまでの取材データから、「起業バカ」が見込み違いやカン違いをおかす原因 cause は3つあると考えている。

第1は、ほとんどのサラリーマンが罹《かか》っている「会社病」だ。

私はこれを「会社バカ」と呼ぶ。24時間、生活のすべてが会社を軸に回り、価値観 value system も意識 mentality もドップリ会社にハマっている人間がいかに多いことか。要は世間の動きにウトく、常識 common sense からズレているのである。主婦なども家庭のことしか頭になく、悪徳商法 scam の甘い言葉にコロッと騙されている。これは「振り込め詐欺」に引っかかる心理と同じなのである。

第 2 は、新聞などがタレ流す情報を信じきった「新聞病」。

これは「活字バカ」だ。ビジネスマンの大半が、毎日、新聞や雑誌を読む。そしてその活字系の情報を盲目的 blindly に信じきっている。これがアブない。この活字信仰は、特に 40 歳以上のバリバリ働く中高年層 middle-aged and senior segment に多いように見受けられる。

第 3 は、フランチャイズ加盟者などに多い「依存病」だ。

つまり「オンブに抱っこ病」である。フランチャイズ本部に"すべてお任せ""オンブに抱っこ"となり、思考停止 thought-stopping に陥ってしまう。まさに他人依存症で、いつか誰かがなんとかしてくれるという、「神頼みバカ」である。

いずれの場合も、長い間、身分と収入が保証されたサラリーマン生活で飼い馴ら spoiled され、「起業力」や「判断力」が劣化 deteriorate して起こる病状 symptom である。その奥には「起業」を普段の仕事の延長などと考えた大きなカン違いが潜んでいる。

では、これからその 3 つの見込み違いの原因を分析 analyze し、なぜ、起業バカが生まれるのか、具体的に検証してみよう。

サラリーマンを蝕む「会社病」

まずは「会社病」だ。またの名を「大企業病」「サラリーマン病」、さらにいえば、「看板病」「名刺病」などとも呼ぶことができる。

脱サラ corporate dropout の場合、すべてが未体験ゾーンである。現役時代、飛び込み営業で実績 performance をあげたスゴ腕営業マンも、実は会社の看板に護られている。死ぬほど残業した根性あるビジネスマンも、終身雇用 lifetime employment に支えられていたのである。

また社内ベンチャーで成功しても、肝心の資金 capital や人脈 network や商材 product は会社頼りだったりする。つまり、サラリーマン時代の活躍（勲章）は、しょせん、会社の手のひらの上で踊っていたにすぎないのだ。それを自分の実力 potential だ、信用力 personal credit だ、実績 performance だ、とカン違いしてワナにハマってしまう。このカン違い社長が、失敗企業を取材してみて実に多いことがわかった。

さらに悪いことに、会社病に罹った多くの「起業バカ」が、そのことをまったくもって実感 realize していないのだから、ことは深刻 serious である。

会社を飛び出し事業を立ち上げるのは、ゼロからの出発 starting from zero と考えなければならない。頼るものは誰もいない。カネもない。名もない。だが、起業というと羨望 envy の眼差しで見る人も多いから、なかには「足を引っ張ってやろう」とまではいかなくても、心の奥底で大失敗を願う人間は意外と多い。つまり、予想外に敵 unexpected enemy は多いのである。

そのうえ、退社して数年間はサラリーマン根性を引きずっているから、むしろ、マイナス地点からのスタートだと認識した方がいい。

ベンチャーの訴訟 lawsuit にも詳しい中島章智弁護士は、「脱サラした人は自分の部署の経験しかなく、起業後の危機管理がなっていない」と手厳しい。大企業でぬくぬく育ったまじめサラリーマンに「起業バカ」が多い、というわけだ。

「脱サラ起業家は、自分の会社や業界での常識がビジネスの常識とカン違いするんですよ。出版業界でもそうでしょう、契約書もないのに仕事を始めますよね。それでうまくいくと思っている。もちろん、口約束も契約の１つですが、最後に揉めごとが起きると、言った言わないの水掛け論の争いになるんです。大きな仕事を引き受けたのに、報酬額が決まっていない事例などいくらでもあるんですよ。とくに大企業にいた人など、会社の信用でやっていたのが、脱サラ後は信用がすべてなくなるワケです。それに気づかないところに、大きな落とし穴があるんですよ」

中島弁護士が扱ったケースでも、１億円の仕事を発注書１枚で受けたり、仕様書 specification sheet を決めないままソフト開発に着手 embark してトラブったりと、ビジネスの常識をわきまえず裁判沙汰になったケースが、結構多いというのだ。これはすべて脱サラ社長のカン違いである。

ここで、下の表を見ていただきたい。国民生活金融公庫が毎年発

《開業前の職業》

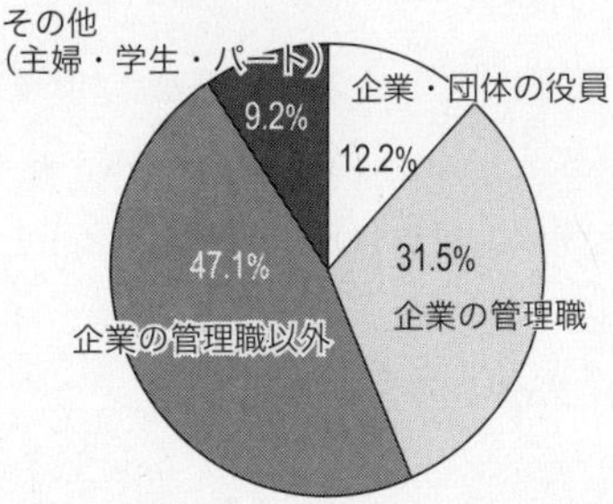

《開業前の勤務先の従業員規模》

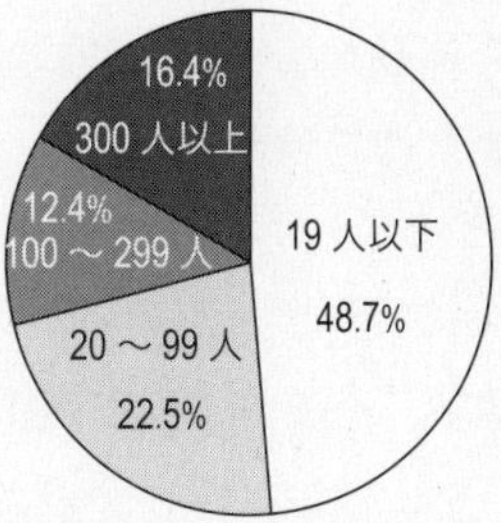

行している『新規開業白書2004年版』に掲載publishされた「開業前の職業」と「もとの勤務先の規模」のリストである。

従業員が19人以下という中小企業からの起業が多いのは意外かもしれないが、役員・管理職経験者はあわせて44%もいる。まさにこの層が「起業失敗予備軍」であるのは言うまでもない。

では、続いて実例を見てみよう。

【実例7】テレビ電話によるパソコン教育システム
→敗因●中高年ビジネスマンは自己投資しない！

シニア向けパソコンスクールで大失敗したサイバースクールジャパンの清水卓爾社長（脱サラ時・50）は、「サラリーマン時代の事業構想にとらわれて、先行投資にばかりカネをかけ、売上が立たなかった」と、脱サラのカン違いを反省する。

清水は大手エレクトロニクス商社の日製産業で、社長特命の新規プロジェクトを担当してきた。海外留学支援の新規事業start-up ventureで年商12億円、住宅メーカー向けコンピュータグラフィックスの「3次元モデルルーム提案システム」で18億円を売り上げ、社内ベンチャーを大成功させた。実績achievementを見れば、まさに“仕事がデキる男”だったことがわかる。

この体験をもとに1996年、同僚2人を引き連れ、中高年ビジネスマン向けの教育ビジネスeducation business for middle-aged and olderを立ち上げた。休日に自宅でパソコンを勉強してもらおうというわけだ。当時、リストラlay-offの嵐が吹き荒れた時期で、手に職をつける意味でも中高年にニーズがあると判断judgeしたのである。

日製産業での経歴と実績が評価され、まず大手ベンチャーキャピタル（VC）の日本ベンチャーキャピタルが1000万円を出資してくれた。それに続き、東京都から創造的事業の認可 permission（中小企業創造活動促進法の認定事業）を受けたのだから、これ以上ない最高のスタートを切ることができたと言える。

当時はベンチャー支援ブームの真っ最中 pinnacle だった。ベンチャーキャピタルの出資を引き金に大手都銀が次々と大口融資 big loan に踏み切り、資本金はなんと1億3000万円も集まった。この資金調達 fund raising の成功で、「事業も大成功した」とカン違いしたのである。

アイデア idea、着眼点 where to look、事業構想 business model とも素晴らしい。ウィンドウズ95ブームが突如として起こった直後だったから、新規参入 new entry のタイミングも絶妙 the right time といえた。だからこそ、VCも銀行も莫大な資金を注いだのだ。問題は、その後のカネの使い方と営業力だった。ベンチャー企業の敗因 cause of defeat は、ほとんどがこの2点に絞られる。

清水にビジネスモデルを説明してもらおう。

「サイバースクールは、テレビ電話とネットを使って自宅で授業が受けられるシステムなんですよ。講師は登録制。月10回のレッスン代が3万5600円。軌道に乗せるには、300名の生徒さんが必要でした。資金が集まったので、テレビ電話システムもソフトも教材もすべて自社開発のオリジナルにしました。そのためずいぶんお金がかかりました。運営会社は、早く全国に広げたいと思い、フランチャイズ方式にして、横浜、大阪、愛知、長野、福岡、沖縄と1年で10校オープンしました。私たちは大企業出身だったので、世間の倫理に反することはやらない、これが大前提だったんです。だから加盟金やロイヤルティーで利益を吸い上げたりせず、事業パートナー制にしたんですよ。でも現実は、そんなキレイごとばかり言ってられなくなったんです」

スタート段階から社員 regular staff や講師 lecturer を 50 名雇い、東京大学の近くに立派なオフィスを構えた。営業部隊を組織して法人営業をかけた。訪販会社やテレアポ会社と組み、生徒集めに奔走 dead run した。勢いをかって、子供英語塾を始めたり、パソコンのトラブル解消 trouble shooting ビジネスなどに手を広げたりした。

だが、半年ほどで誤算 miscalculation に気づいた。中高年ビジネスマンは自己投資 invest in oneself しないのだ。パソコンの勉強は会社が金を出してやってくれるもの、と考えていたのである。要は市場を見誤っていたのだ。

「サラリーマン時代の発想を持ち込んだ私が甘かったんです。自分も 50 歳で脱サラしたので、50 歳の中高年をターゲットにしたんです。定年まで最後の 10 年で、パソコンという武器を手に入れたいだろう。みなさん、そう真剣に考えているはずだと。これはホント大きな見込み違いでしたねぇ」

新規事業で成功した自信がアダ turned out となったのだ。それだけではない。会社のころの体験から大企業出身の社員を雇ったのだが、彼らの営業のフットワークがあまりにも弱かった。走りながら考えるといった、機敏さ agility や小回りさ swift がまるでない。これまでの経験にコリ固まって融通も利かない。また高給 fat salary を取っていたので地道な苦しさ steady efforts に耐えられない。

「大企業の人材は優秀」と思っていたのが、大きなカン違いだった。

ドブ板営業 selling from door to door が必要なベンチャーの立ち上げには、ぬくぬく育った大企業ボーヤは向かなかったのだ。

あわててぬくぬく社員をリストラしたがもう手遅れ too late to have done だった。2年ほどで資本金1億3000万円のすべてを喰い潰した。その後もテレビ電話介護システムなどに手を出し、借金は3億円にも膨れ上がった。

こうなると、社内の雰囲気 atmosphere は一変する。2人の創業メンバーから裏切られ、株主総会 general stockholders' meeting で針のムシロに座らされた。ツキに見放されたら luck is running out、悪いことは続くものなのである。

サラリーマンは、サラリーマンを捨てることが一番難しい。現役時代 during their playing days、待遇 treatment がよければよかっただけ、独立後 after independence のカベは高く険しい。そう覚悟しなければ、起業の成功なぞありえない。清水は悪戦苦闘 severe battle の日々をふり返って、

「もう1度事業を始めるとしたら、今度は絶対個人でやりますよ。人を頼ったりしない。いまは“塞翁《さいおう》が馬《うま》”という心境ですねえ」

と呟いた。

清水のその後の消息 goings-on はつかめなくなっている。

新聞や雑誌には、予想以上の間違いが

次に「新聞病」だ。「情報過信病」とも「活字信仰」とも言っていいだろう。活字 printed page に書かれていれば、それだけで正しいと思いこむのだ。その情報のウラを自分で取らないのである。重

症者 seriously ill person ともなると、新聞や雑誌の記事はもちろん、そこに挟まった広告類さえ盲信するバカがいる。

今度の取材でも、有名雑誌の広告を鵜呑みにして調剤薬局のフランチャイズチェーンに加盟して、わずか半年で 4000 万円もの大損害 enormous loss をこうむったオーナーがいた。まさに、倒産原因の１つに「新聞（活字）情報の過信」を加えていいぐらいである。

この種のタイプは、自分の足や目を使ってナマ情報 real information の収集 gather をするのではなく、マスコミが垂れ流す企業の「表の顔＝建前」cosmetic face を単純 simply に信じ切っている人たちだ。新聞や雑誌は正しい、と思ってウラ取り back research をしない。鵜呑みにするのだ。リストラ起業家やバリバリ活躍するヤリ手タイプ、専門職 expert などに多い。いわばこの「活字幻想」「情報幻想」という思い込みが、シロウトが見込み違いを引き起こす大きな要因 big factor になっている。

新聞報道がいかにひどいか、具体例をあげるのは簡単だ。新聞には、ほとんど毎日のように訂正記事 correction が載っているからだ。ここで重箱の隅をつつくような新聞の間違いをあげつらうつもりはないが、最近の日経流通新聞に、あまりにもひどい記事 terrible story が載ったので、紹介しよう。念のため書いておくが、私は日経に恨みはない。そして、こうした間違い error は、日経以外にもあふれんばかりに存在していることもお断りしておく。

さて、その記事はこうである。

《ヒットの芽　大塚製薬「ホワイトアイリスフレッシュ」――小さめ容器、女性に的》(2005 年 3 月 4 日、日経流通新聞 MJ)

《大塚製薬が二月二十四日に発売した目薬「ホワイトアイリスフレッシュ」の滑り出しが好調だ。女性をターゲットにした容器や機能が特徴。今春予想される花粉の大量飛散も追い風となる見通しで、初年度の出荷額は三億円を目指している。
(中略)
　充血した目になることを嫌う女性が多いことに注目。血管を収縮させて目の充血を取り除くための成分「塩酸テトラヒドロゾリン」と「グリチルリチン酸二カリウム」を配合した。花粉症対策にも効果があると期待している》

　ここまで読んで、記事の間違いは「塩酸テトラヒドロゾリン」や「グリチルリチン酸二カリウム」といった舌をかむような成分なのか、それとも出荷額3億円という数字なのか、いろいろ悩んだ人も多いだろう。

　実は記事の間違い mistake はそんなところにあるのではない。本文 body と見出し headline に書かれた「大塚製薬」が間違いで、本当は「大正製薬」なのだった。結局のところ、見出しにも本文にも「大正製薬」の文字がないのだから、この情報を盲信 blindly believe して他社の株 stock を買ったら大変なことになる。

企業の「表の顔」しか見ない「新聞病」

　日本能率協会 Japan Management Association は、毎年、上場企業 listed company の新任取締役の意識調査を行い、その結果をレポー

《新任取締役の日頃の情報源（複数回答）》

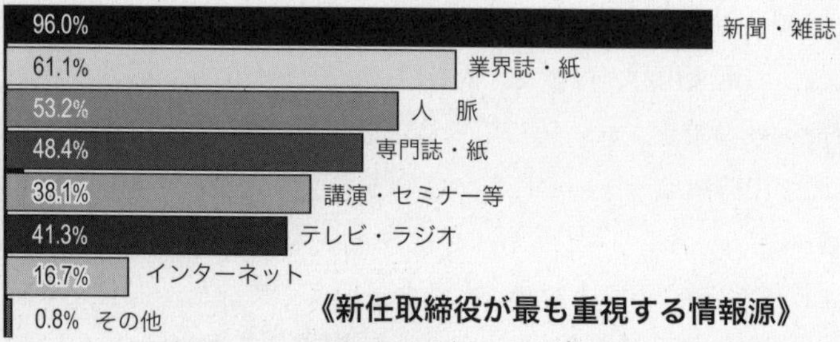

《新任取締役が最も重視する情報源》

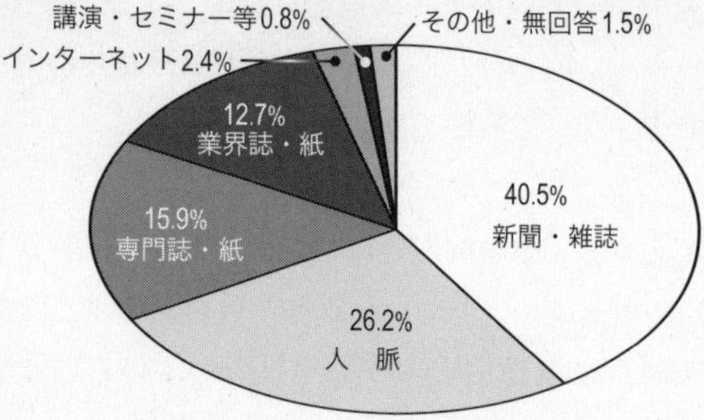

「新任取締役の素顔に関する調査」(1999年7月、日本能率協会調べ)

トにして公表している。その1999年の調査では、実に4割もの新任取締役が新聞や雑誌を最も重要な情報源sourceにしていることが判明した。専門雑誌・新聞を入れると、活字情報を重視する「活字バカ」は7割にも上っている。

だが、そんなことで本当にいいのだろうか？　もちろん、サラリーマン取締役だったら、なぁなぁ主義live-and let-live basisで誰も責任を取らなくていいのだから、活字を盲信してもまだ救われる。

しかし、一国一城の主ownerとなった起業家entrepreneurがこれではまずい。言うまでもなく、いい情報や価値ある情報は、いつの時代もどんなときも「人」が握っている。人を仲介 medium にして情報が入ってくる。金儲け making money をしたいなら、まず、人に会い、人を口説き落とさなければならないのだ。それがビジネスの原則中の原則である。

だが、現実には人から取るナマの情報より、活字で得た 2 次情報や 3 次情報をもとに意思決定 decision making する脱サラ起業家が圧倒的に多いのだ。インターネット時代のいまは、ネットに頼り切る「ネットバカ」もこの中に入れてもいいだろう。サラリーマンは、いい情報に接する機会 opportunity が少ない、との理由もあろう。実際のところ、儲け話にアクセスする方法も手段もない。せいぜい、異業種交流会 pan-industry social event や居酒屋の飲み会くらいだろう。

だが、それにしても、「新聞に載ったものは 100%信じる」「雑誌に出たので間違いない」という、お人好し sucker の活字バカがあまりにも多すぎることは、ここで再度強調しておきたい。生き馬の眼を抜くビジネスの現場 dog-eat-dog world で、こんなユルい考えは通用 work しない。

そもそも新聞やテレビは、事件・事故以外、企業の「表顔」makeup しか報道 cover していない。本当に知りたい「裏顔」bareface は無視 ignore されている。事件にしても警察からの発表 announce ものだ。これにはメディアの仕組みや記者 reporters の資質 talent などがからんでいる。

とにもかくにも、新聞には肝心の商売で使えるホントのネタは載っていない、と知るべきである。なんにしろ、新聞の情報源は、所轄官庁 proper authorities や大企業広報部 PR department である。それも記者クラブ Kisha-Club という、情報のゴミ捨て場から拾ってきた一方的な発表記事が大半だ。

新聞は宅配制度 home delivery で何百万人もの読者を囲い込み、記者クラブでの発表記事や会見記事でお茶を濁しておけば、経営は安定する。記者は体を張ってスクープを発掘 investigate しなくてもいい。給料 pay は変わらない。署名記事 byline が中心の欧米のメディアでは考えられないことだ。

テレビもスポンサーがついており、ドラマとワイドショーとバラエティー番組で十分成り立つのである。こうした状況 circumstance で、新聞やテレビに役立つナマのネタが掲載されるわけがない。せいぜい、実売部数で勝負する週刊誌 weekly、月刊誌 monthly、夕刊紙 evening tabloid などが、企業の「裏顔（秘密）」inside に迫ったスクープ特集を組み、どうにか頑張っているぐらいだ。こんな状況で、活字からネタを引っ張ろうとすること自体バカげている。

ここまで読んでも、それでも新聞には情報が盛りだくさんではないか、と言う人もいるだろう。では、その思いこみがいかに空しいものか、2005 年 1 月 27 日付の朝日新聞と日経新聞の記事をもとに、そのタネ明かし give away secret をしてみよう。いかに新聞がなにも伝えていないか nothing to inform、また新聞に惑わされると思わぬ判断ミス misjudgment を犯すかがわかるはずである。

新聞記事は 7 割が企業寄り。素直に信じるとヤケドする

この日、朝日、日経ともほぼ 8 割以上が発表記事 routine story で埋められていた。朝日は、国内・海外 97 本のストレートニュース（コラム・オピニオン・文化は除く）を掲載している。そのうち、独自

取材 investigative story や分析記事は 17 本しか載っていない。後の8 割以上のニュースは、企業、官庁、団体などから発表された“ヤラセもの”だ。

これは記者クラブ経由の情報で、どの新聞やテレビも取り上げる、手垢のついたネタである。しかも、紙面に出るまでには「企業、記者、デスク」と 3 つのバイアス bias がかかっている。そのうち企業ニュースは 21 本載っているが、よく読むと役に立ちそう useful なのは 2、3 本だけである。

日経は 151 本の国内・海外ニュース domestic and foreign stories を載せており、さすが経済情報の量はバツグンである。そのうち独自ネタは 33 本だ。一面トップと 13 面に連動した「三菱自動車の再建ニュース」は日経のスクープ。深く掘り下げた分析は他紙を圧倒している。金融庁がネット版の手形取引市場を作るというニュースも、日経のスクープだ。

ここで独自ネタ 33 本をジックリと読むと、実際は企業広報 public relation などがお膳立てして取材したものだと分かる。ニュースソースである企業からの“もらいもの”provided stories である。これもいわば企業の「表顔」のニュースだろう。たとえウラ情報 inside story を知っていても、広報との日頃のつき合いから踏み込んだ分析（真相）は書けないのである。

まあ、メディアと広報は、持ちつ持たれつ give and take の関係が暗黙のうちにできあがっている。また広報マンのマスコミ接待も多い。ついでにいうと、日経の記者は、日経本紙、日経産業、日経流通、日経金融の 4 紙に書いている。取材したネタを使い回し repeated use で書いているわけだ。そのうえインターネットにも書かねばな

《日経新聞の国内企業関連ニュース 84 本の中身（2005 年 1 月 27 日付）》

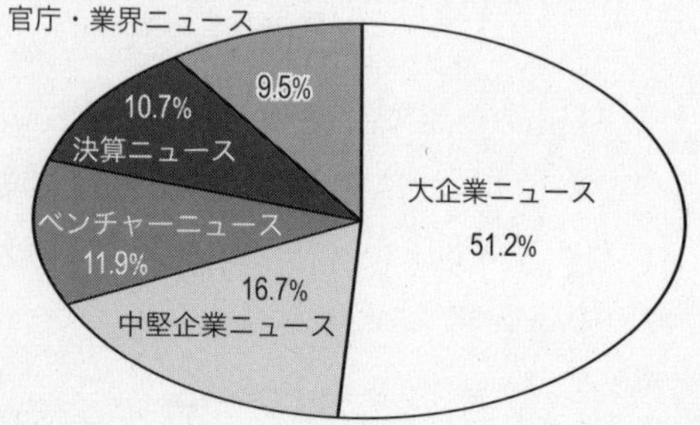

らない。日経各紙を注意して読むと、同じネタが書き方を変えて載っている。

日経には、この日、84 本の企業ニュースが載っている。そのうち 7 割以上が企業寄りの内容である。残り 3 割は、連載、解説、決算、人事、統計などだ。企業 PR とまで言わないが、企業の主張を代弁したものだ。普通、事業をやる場合、この企業ニュースを参考にするケースが多いと思うが、単純に信じると企業のペースに巻き込まれ、ヤケドする危険性 risk があるだろう。

そのマスコミ操作 media manipulation のうまい経営者の 1 人に、ソフトバンクの孫正義社長がいる。一時、孫社長の経営手法を週刊誌などは「記者発表経営」と皮肉っていた。自社に都合のいい事業やベンチャー投資などを記者会見 press conference でブチ上げ、株価を吊り上げるのだ。そして企業価値 corporate value を膨らませながら株式市場 stock market でエクイティファイナンス equity finance（新株発行をともなう資金調達）を仕掛け、運転資金 operating capital の調達をはかっていたからだ。孫社長はその時々の発行株式の株価の総計 value of shares が最大の企業価値という、「時価総額経営」を公言 proclaim していた。まさにライブドアの堀江貴文社長が完全にマネした経営方針だが、実は2人は、久留米大学附設高校の先輩後輩だ。

それはともかく、孫正義のブチ上げた事業は中止か尻すぼみになったケースが実に多い。その点を投資家 investor に見抜かれて、いま、時価総額が激減していることはご存じだろう。

この孫正義のやり方は極端 extreme だが、企業はいかにマスコミを通じて自社のイメージを高めるかに腐心 struggle している。一部上場企業クラスでは、マスコミ操作 hooking the media 専門の PR 会社を雇っている。マスコミに売り出す本などもロングセラーを続けている。

では、その一例もここで紹介しよう。

メディアがこぞって取り上げた全日空のキャンペーン

現在 23 万部を突破した『さおだけ屋はなぜ潰れないのか』（光文社新書）に、非常におもしろい実例が載っていた。全日空が2002 年に行った「楽乗キャッシュバックキャンペーン」での「マスコミ操作」の実態である。

まず次の記事を見てほしい。

《50 人に 1 人は「無料の旅」を　全日空、年明けにキャンペーン

「50 人に 1 人は、ただで搭乗できます」。全日本空輸グループが来

年、そんなキャンペーンを展開する。空港の自動発売機などセルフサービスを利用した人を対象に、券面相当額を現金で返す。国内初のサービスで、「テロのあおりを受けている需要の喚起策にしたい」としている。

全国内路線の全便について、1月15日～2月末を予定している。50枚に1枚の割合で「当たり」の紙が出て、片道分の現金がもらえる》(朝日新聞2001年11月14日)

これを見れば、全日空がいかに素晴らしいサービスを行っているか感心することだろう。実際、このキャンペーンは大人気surge in popularityを博し、「全日空好調」といった後追い記事following articlesがいくつも重なった。

だが、よくよく考えてほしい。50人に1人が無料ということは、100人に2人が無料ということだ。ということは、全日空の負担は2%割引discountということでしかない。

いまどき、バーゲンセールでも2%割引など、大したことはないだろう。しかしながら、全日空は「50人に1人無料」というキャンペーン文句で、大きな宣伝効果advertising effectを上げたのである。

全日空は、次に「50便に1便、全員に1万円キャッシュバックキャンペーン」を開始し、これまた大人気を博した。

このキャンペーンは、「50便に1便、全員無料」でない以上、どう考えても、最初のキャンペーンよりコストがかかっていない。それでもマスコミは、ここぞとばかりこのキャンペーンを取り上げたget a lot of coverageのだから、全日空にとってはおいしかったことだろう。

私が言いたいのは、新聞や雑誌にはこうした企業よりの記事ばかりあふれている点に注意 pay attention すべきだということだ。表向き、いい記事ばかり並ぶが、そのウラ behind the scene には、どんな企業も世間に知られたくない秘密の「裏顔」を抱えている。そして現実のビジネスは、新聞などに書かれていない本音 reality と利害 interest がぶつかる、ドロドロの交渉事なのである。

要は、喰うか喰われるかのガチンコ勝負だ。しかもそれは密室 closed room で行われる。そこにシロウトが、コロッと騙される伏線 preliminary が張ってある。いわゆる「引っかけられた」「こんなハズじゃなかった」という失敗である。

最近は社員50名ぐらいの企業でも株式公開 going public をしており、IR（投資家向け広報）担当を置き情報操作 information manipulation がうまい。メディアをどう利用するか、日夜腐心している。それ故、新聞情報は単なる参考資料にとどめておくべきだ。むしろ、新聞に載ったのはなにかウラがあるな、とカンぐってかかるぐらいの気持ちで交渉 bargain する方がケガしないで済むだろう。

金もアイデアも営業も他人任せで失敗するバカ

最後に「依存病」について触れておこう。これもオヤジサラリーマンが罹りやすい典型的な「他力本願病」reliance upon others「親方日の丸病」dependence on the government だ。人間誰しも弱いから、「権威主義」authorities に寄りかかりたい、という側面 aspect もあるだろう。

「会社病」じゃないが、長くサラリーマンをやっていると、知らず知らずに会社依存、組織依存の体質 mentality になっている。早い話、いまのニッポンでは、名刺1枚持っていなければ相手に信用 trust されない。起業して営業の電話を入れると、相手は必ず「会社名は？」と聞いてくる。会社社会のニッポンでは、職業やキャリアより、まず会社名を聞いて安心するキライがある。どこの馬の骨とも分からんヤツ person of doubtful pedigree は、信用しないのである。一部上場企業や有名企業なら文句なく信用してしまう。そこに、他人任せの依存体質になってしまう素地 background が潜んでいる。

われわれは長い間、「○○会社課長」「○×会社部長」というヨロイを着けて働いている。そこでは何ができるかより、課長か、部長か、常務かが非常に重要になってくる。そこに「オンブ病」を併発する病根 cause of disease が巣くっているのである。

その意味では、最初からフランチャイズビジネス（FC）を選ぶ人は、「オンブ病」の重症患者 severe illness と診断していいだろう。FC では店も商品も売り方も経営もすべて本部が用意してくれる。FC 業界では、「オーナーさんは、お金だけ出してください。成功を保証しますから」と喧伝 trumpet し、脱サラオーナーを引っ張り込んできた。

FC の代表のコンビニなどは、「脱サラの成功パッケージ」と長年メディアでも讃えられてきた。実はそれは真っ赤なウソ absolute lie なのだが、なにも知らないサラリーマンが、「それじゃ、その成功例で一儲けしようか」と大金を投じても不思議ではない no wonder。カネさえ出せば大儲け。これがホントなら、FC ほど楽して稼げる商売はない。加盟店オーナーは、全員、“FC 御殿”を建てているだろう。そのカラクリ clockwork mechanism を見抜けないところに大きな落とし穴 booby trap があるのである。

このFC加盟者タイプは、大企業出身者やワンマンオーナーが率いる優良企業 excellent companies の社員、公務員 officials、専門職 experts などに多い。要は大事な意志決定のすべてを一部の首脳が握り、ただ手足となって動くよう、飼い馴らされてきた社員たちだ。おそらく、話題の西武グループやダイエーグループなどのカリスマ経営者 charismatic leader が率いてきた巨大企業グループ出身者に多いだろう。

クーリング・オフなど通用しない起業の厳しい掟

脱サラの投資額で500万、1000万はザラだ。国民生活金融公庫 National Life Finance Corporation の新規開業調査によると、1つの事業を立ち上げる際の開業資金は、平均で1500万円以上かかっている。

フランチャイズでは、宅配ピザ店で1500万円、ラーメン店で2000万円、弁当店で2000万円、コンビニでは3000万円も投資する。運転資金を入れると、実際はもっとかかる。その資金は家を担保 collateral にしたり、親兄弟から借金したり、退職金をつぎ込み全財産を投げ出している。サラリーマンにとって一生に1度の大バクチ gamble of life time なのである。

それでいったん起業すると、昨日まで小遣い3万円のサラリーマンが手にしたことのない大金を扱うことになる。銀行口座に1000万、2000万が入っている。1回の支払い額も100万、200万になってくる。それでつい金銭感覚 money sense がズレてしまい、気が大きくなる。実はこの創業期 in the birth of business のカネの使い方にも脱サラの落とし穴がある。

また脱サラに人気のフランチャイズや代理店 agent では、開業資金が当初の見積額 ballpark estimate より大きく膨らんでくる。予算 budget が倍増するケースも珍しくない。つまり、契約後、様々な理由から本部のペースにハマり、予算を吊り上げられてしまうのである。そのときも、200 万、300 万の増加をつい 2 万、3 万ぐらいに感じてしまう。カネを手にしていないのでそう錯覚 confuse するのだ。数字（見積書）のマジックにかかってしまうわけだ。そしてその増額のカラクリは本部との力関係 power relationship から、バカリーマンにはまず見破れない can't see through the game。

さらに、いったん契約書にハンコを捺すと違約金や解約金がもったいなくなり、元に引き返せない心理状態 psychological state に追い込まれる。その後の莫大な損害 enormous loss を考えると、その時点で解約 cancel した方が得策なのだが、シロウトにはそんな潔い決断ができないのだ。そして、結局、ズルズル引っ張り込まれるケースが多いのである。

弱い立場の消費者 consumer なら消費者保護法 consumer protection law などで悪徳商法から身を護られている。押し売りされても、クーリング・オフ cooling-off で、契約後 8 日以内なら無条件 on no condition で解約できる。だが、ビジネスの世界は、「企業対企業」の取引 trading が大前提である。自由市場 free market の原則 principle が最優先される。要は、あくまでも自己判断、自己責任の世界なのである。悪条件でも押しつけでも理由のいかんに関わらず、契約は契約なのだ。そこにはクーリング・オフなどという甘い考えは通用しない。

仮に違法性があっても、それを裁判 court の場で争うには、訴訟 suit のための準備や裁判費用など、もの凄いエネルギーがいる。日本人は裁判慣れしていない。争いたくはない。その労力 labor を思うと大半の人が諦めざるをえず、実際は泣き寝入りしているのである。

そうした起業の厳しい現実 severe reality は、誰も教えてくれない。失敗した社長が根掘り葉掘り内情を明かしてくれるハズがないのだ。失敗は誰でも隠しておきたいものなのだから、当然のことだろう。

先のフィンケルシュタイン教授は、失敗するトップの「7つの習慣」として次の点をあげている。

⑴ 自分と会社が市場や環境を「支配している」と思い込む
⑵ 自分と会社の境を見失い、公私混同する
⑶ 自分を全知全能だとカン違いする
⑷ 自分を 100%支持する人間以外を排斥する
⑸ 会社の理想像にとらわれ、会社のスポークスマンになろうとする
⑹ ビジネス上の大きな「障害」を過小評価して見くびる
⑺ かつての成功体験にしがみつく

人間、ちょっと成功すると、「テング」get bigheaded になってしまう。自信過剰 excessive self-confidence の脱サラ社長などは、こんなカン違いを平気で犯してしまうのだ。ベンチャー起業家も、夢やビジョン、目標を追うあまり、誇大妄想 expansive delusion に陥りがちだ。事業が成長し続け、資金繰り cash flow もうまくいっているときはいい。だが、いったん踊り場になった leveling off とき、思わぬところでトラップに引っかかり、そして脆くも崩れていくのだ。

やっぱり「起業バカ」は治らない

最近、若手ベンチャー起業家の倒産 breakdown や自己破産 self-bankruptcy のリアルな体験本が書店に並び、ベストセラーになっている。だが、それまでわがニッポンでは、倒産や破産に触れるのがタブーとなっていた。倒産は暗い。暗い話なんて誰も聞きたくない。そんな風潮 tendency が社会を支配していた。

倒産社長は「ダメ人間」で人生の敗残者 loser のごとき扱いを受けた。そして社会の片隅 corner of society でひっそり息を潜めて生きてきたように思う。銀行も企業も世間も、倒産社長なんて絶対に信用しない。

もちろん、現実には失敗をカテに復活 reborn した事業家も星の数ほどいる。しかし、ニッポン独特の「恥の文化」shame culture から、長年「敗軍の将、兵を語らず」が伝統 tradition となり、アレコレ倒産の内幕 inside story を語るのは憚られるムードが強かった。倒産話は後ろ向きで参考にならない。そんな価値観から大学でも会社でも、起業スクールでも失敗事例 case study of failure をまともに取り上げて来なかったのである。

しかし、いまこそ、失敗の中身をもっと語るべきだろう。イケイケどんどんの右肩上がりの時代 days when the business expanded year after year は、失敗を封印 seal してもよかった。だが、人口減少 depopulation、マイナス成長 negative growth、消費成熟化 market maturity のいまは違う。誰にでもウケるのが、成功のカギではないのだ。むしろ失敗事例の中にこそ、いまの時代の売れ筋商品 hot-selling line of products のヒントや成功の秘密 secret が隠されている。なぜなら、失敗の数が成功の数よりはるかに多いからだ。そしてそれは、シロウト起業家の見込み違い、カン違いを少しでも減らすことにつながるのだ。

　失敗学を提唱put forwardしている畑村洋太郎・元東京大学教授は、ベストセラー『失敗学のすすめ』（講談社）で、「いまの時代は人の成功事例をマネても成功しない」と指摘 point out している。

　そして、人間、トコトン痛い思いをしなければダメだ、とも言う。そのため、これまでかげの世界の知識であった「失敗経験」を大いに学ぶべきだ、と主張 insist している。氏は大学での指導体験から次のように述べている。

《(成功事例を参考にした)「正しいやり方」を学んだ学生たちが身につけた知識は、表面的なものにすぎなかったのです。パターン化された既成の問題にはきちんと対応できても、実際に新しいものを自分たちで考えさせてつくらせてみると、こうした知識はほとんど役に立ちません。大事なことは、ひとつには学ぶ人間が自分自身で実際に「痛い目」にあうこと、もうひとつは自分で体験しないまでも、人が「痛い目」にあった体験を正しい知識とともに伝えることです》

《(欧米から学んだ最大効率の経営スタイルは）世界に追いつけ追い越せと先駆者たちを追いかけていた1980年代までは大成功の要

因になっていました。ところが、立場が逆転して追われる立場になり、マーケットが成熟して消費者のニーズが多様化したいまとなっては、この方法はまったく通用しなくなっています》

(『失敗学のすすめ』畑村洋太郎)

「起業」の現場は、非常にクリエイティブで個人の究極の能力 ultimate capacity が試される場なのである。1つだって確定した成功の法則 rule of success はない。アイデア、発想、商品化ノウハウ、事業ノウハウ、資金集め、営業手法、人の使い方……すべて百人百様なのである。

ところが「起業バカ」の大半は、人マネの域 imitator から1歩も出ていないようである。サラリーマンのトラウマから抜け出せず、もがいている。

よく成功のポイントは「常識破り」に求められるが、私の見たところ、脱サラの大半が常識 common sense を超えようとしていない。商売相手 rivals もそうだ。ニッポンの社会全体に、いままでの常識を破らせまいとする厚い透明のバリアが覆っている。「出るクイは打たれる」。そこにも見込み違いやカン違いを誘発 induce する落とし穴があることを、あなたはしっかり認識 recognize すべきなのである。

Chapter 3
第3章

「起業後」に待ち受ける誘惑とワナ
Baits and Traps That Entrepreneurs Have to Avoid

事業パートナーや出資者にハメられる！

いまは成功しているベンチャー起業家 entrepreneur たちも、創業期 start-up period には様々な甘い誘惑 sweet-talk とワナ trap に泣かされている。ベンチャーの社長は、事業への野心 ambition をどんどん膨らませる一方、ワキの甘さを露呈させる性癖 tendency がある。要は夢を追って猪突猛進 let go でワンマンなのである。そこが周囲の人間の反発 aversion を買ったり、カネの亡者 money chaser などにつけ込まれるスキを与えるのだ。

そのことは、ライブドアの堀江社長の言動 language and behavior を見ればわかるだろう。ニッポン放送株を買い占めたはいいが、政府 the government から財界 business world から業界から、ありとあらゆる方角から攻撃 booing を受けている。楽天の三木谷浩史社長が、なぜか誰からも好かれて、「おいしいところ」を取っていくのとは大違いだ。

それはまぁともかく、起業したあと、こうした猪突猛進型の経営者だからこそハマるさまざまなワナを検証していこう。

【実例 8】伝説のディスコ「ジュリアナ東京」
→敗因●予想外の利益で利権争いが勃発

介護 caring や人材派遣 worker dispatching のグッドウィル・グループを率いる折口雅博会長は、伝説のディスコ「ジュリアナ東京」を大成功に導いたが、その陰で事業パートナーの裏切り betrayal にあい、天国から一転、借金地獄 debt hell に突き落とされている。

折口会長が初めて大きな事業を手がけたのはバブル景気の 1991 年。当時、日商岩井の社員だった折口は、持ち前のバイタリティーで倉庫会社とテナント会社 2 社と組みジュリアナ東京を立ち上げた。開店資金の 1 億円を折口がかき集め、5 月にオープンしたらバブル the bubble period の絶頂期 pinnacle で大ヒットした。

初期投資 initial investment に 15 億円かかったが、初年度の売上高 sales は 20 億円を超し、開業後 4 カ月で月 1 億円の利益 profit をたたき出してしまった。このことでパートナー企業同士の利権争いが起こった。

当時、折口雅博は 29 歳。日商岩井を辞めイベントコンパニオン会社のジュリアナプロモーションを設立。この新事業に本格的に乗り出そうとする矢先 beginning のことだった。だが、ジュリアナの仕掛け人 trend-setter として、一躍、マスコミに引っ張りダコ drawing wide media attention となっていた折口は、スポンサーから見ると煙たい存在でしかなかった。

ジャーナリストの大塚英樹は『夕刊フジ』連載の「夢を追いかける男たち」シリーズ（2000年4月7日号）で、投資家とのやり取りを次のように描いている。

《92年2月、折口はA社とB社の社長に呼び出され、出入り禁止を言い渡された。

「なぜですか。僕はこれまで（報酬として）40万円、1回しかもらっていませんよ。不公平じゃないですか」

折口は、声を震わせながら抗議した。

「不公平とはなんだ。役員でも株主でもないキミに経営者面して動き回られると迷惑するんだ」

このときほど資本の論理の非情さを骨身に感じたことはない。ジュリアナを立ち上げた当時、折口は日商岩井に在籍していたため、役員ではなく、株も持っていなかった。また利益が出た場合の関係者間の契約書も作成していなかった。だから邪魔だといわれれば、それに従うしかなかった。

「内紛は予想外の利益を上げたことが原因でした。そこから倉庫会社、A社、B社の間で利権争いが起きた。しかし、立ち上げたのはこの僕なんです。このときは本当に悔しかった」》

まぎれもなく折口雅博が「ジュリアナ東京」を発案し立ち上げた。だが、身分は単なるプロデューサー。口約束 verbal promise だけで契約書 written contract も何も交わしていなかった。大商社のサラリーマンだったので、その看板と信用をバックに突っ走ったあげくの

折口雅博が作り上げたディスコ「ジュリアナ東京」は、1994 年夏に閉店した。折口はその後、人材派遣会社グッドウィルを作り、さらに在宅介護のコムスンを子会社にしている。写真：共同通信社

落とし穴 downfall である。

日商岩井を辞めた折口に 4000 万円という多額の借金 huge debt だけが残った。それからは、生活費 cost of living を稼ぎながら資金繰り cash management に奔走する、ドン底の日々が待っていた。

銀行融資 bank financing は断られ、ノンバンク、消費者金融 consumer banking、商工ローンとお決まりの借金ヤリ繰りの転落コースを辿《たど》ったのである。最後は 10 日で利子 1 割がつく「トイチ」に手を出してしまう。それで 4000 万円の借金が、1 年半で 7000 万円にまで膨れ上がったのだ。

その借金地獄からディスコ「ヴェルファーレ」で復活するまで、2 年かかっている。折口はその間の心境を「ヴェルファーレの企画料をもらうまで生きた心地がしなかった」と述懐している。

【実例 9】ユニクロ

→敗因●都会のやり方に田舎社員が反発

ユニクロ（ファーストリテイリング）の柳井正会長は、父親から会社を任された 20 代のころ、突然、信頼 trust していた社員全員に辞められて途方に暮れてしまった。

柳井の場合、父親から引き継いだ山口県の小企業だった小郡商事（ファーストリテイリング＝「ユニクロ」の前身）時代、店の運営

方針 management policy の違いから 7 人いた従業員 regular employee のうち 6 人に辞められてしまった。頼りにしていた番頭格の人も辞めて銀行の信頼が失墜 fall した。23 歳のときだ。そのため仕入れから品出し、在庫整理、接客販売、経理、掃除とすべての仕事を残った店員と 2 人でこなさなければならなかった。

当時は年商 1 億円そこそこの田舎の紳士服店。大学を出てブラブラしていた柳井正は、父親の勧めでジャスコに入り、わずか 9 カ月だけ修行してきた。その後すぐ後を継ぎ follow in his father's footsteps、ジャスコでカジったブティック経営のやり方を実践 practice したのだ。

ジャスコを経験した目からみると、売上は少ないし効率は悪い。社員が一生懸命に働いてないように見えた。それでなんの実績もない若造が偉そうに思いつきで命令を出していたのである。それが田舎育ちの社員にカチンときて、反発 rebel された。20 代の若い柳井には、父親の威を借りていたのがわからなかったのだ。こうした失敗 failure は、地方企業の跡取り息子 heir によくあるケースである。

正社員を雇いたくてもいい人材 skilled labor はまったく来なかった。仕方ないのでパートやアルバイトを雇って、当座のやり繰りをして苦境 difficult position を切り抜けた。この経験から柳井正は人使いの難しさを感じた。ヘッドハンティングで優秀な人材をどんどん採り続ける、いまのユニクロからは想像もできない無名 little known のころの話である。

余談 by-talk ながら、これだけ苦労を積んだだけあって、柳井の「会社」に対する考え方は、非常に参考になる。柳井の著書『一勝九敗』(新潮社) から引用してみよう。

《経営環境は常に変動する。当然のことながら、金儲けやビジネスチャンスが無くなることがある。そうすれば、会社はそこで消滅するか、別の形態や方策を求めて変身していかざるを得ない。会社とは一種のプロジェクト、期限のあるもの、と考えるべきではないだろうか。収益を上げられない会社は解散すべき、ともいえよう》

たった1回の成功に安住 stay long してはいけないことがわかるはずだ。このスピード感こそ、起業 start-ups に最も重要なことであるのは言うまでもない。

【実例10】ドン・キホーテ

→敗因●従業員が従来の常識にとらわれている

ドン・キホーテの安田隆夫社長も、商品を積み上げる「圧縮陳列」で成功 succeed するまで10年以上もかかっている。

安田は、慶応大学時代、マージャンやパチンコに明け暮れるという、無頼の青春 tough youth を送っていた。5年で大学を出た安田は、独立 become independent の夢を抱いて不動産会社にもぐり込んだ。しかし、そこが2年ほどで倒産 go under してしまう。そのなりゆきで、先輩と2人で不動産会社を起こしたが、しょせんシロウト商売、あっけなく破綻 collapse した。

その後、2、3年は就職 get a job もせず賭けマージャンでメシを食っていたというから、なにが身を助けるかわからない。そんな挫折 setback とすさんだ日々の後、「実業の世界で身を立てる」と決心 take a firm decision したのは、29歳のときである。

商品を高く積み上げる「圧縮陳列」と深夜営業で大成功したドン・キホーテ

最初に手がけたのは、バッタ品を売るディスカウント店の「泥棒市場」だ。問屋 commission merchant やメーカー manufactures に飛び込んでいき、半端品や処分品、廃番品などを安く現金で仕入れ bought for cash 売り出した。流通 retailing の経験などまったくなかったので、何度も失敗を繰り返した。商品を積み上げて真夜中でも売るという、「圧縮陳列」「深夜営業」の発想 idea は、ガムシャラに突っ走ってきた中から出てきたのだ。

しかし、この新業態 new business model が理解 accept されるまでには、社員との悪戦苦闘があった。安田がやろうとしたのは、従来の店づくりの常識 rule of thumb に反することばかりだったからだ。社員に手取り足取り教えても、反発されるばかり。多品種小量販売という「圧縮陳列」をやると、「買いづらい」「管理しづらい」「ゴミゴミしてる」と猛反対され、安田は頭をかかえてしまった。その間、社員の不正 crime や裏切りにもあった。マニュアルも何もなかったのだ。そんなわけで最初の1、2年は赤字 loss を出し続け、倒産の一歩手前 about to collapse までいった。

だが、安田は店員に権限 authority を与えることで、業績 performance を大幅に伸ばすことに成功した。以下は朝日新聞に掲載された安田のインタビューである。

《十人近く雇った社員は当初、私の意図を理解できませんでした。三号店を開店するまでに六年かかり、試行錯誤しながらいまの形になったのです。店員への権限委譲システムもそのひとつです。各店には、衣料、電気製品、食料品など商品別に十人余りの担当店員がおり、仕入れや値決めなどの自由裁量権を与えています。だから店によって値段が違うことがあります。それぞれが個人商店主のような立場で、成績は給与に反映します。仕事というよりゲームをしているという感覚にしているのです》（朝日新聞 1999 年 12 月 18 日）

一般に、起業家社長はあくが強く、独断専行型 without consultation だから、部下を信用しない（できない）場合が多い。その場合、仲間割れ break up of the camp や裏切りは、創業間もないベンチャーやニュービジネスの世界では「よくあること」always happen になってしまう。

失敗してもケンカ、儲かってもケンカ。ベンチャーに限らず、どんな企業でも起こっている。普段のささいなやり取りや言葉遣い phrasing が原因だったりするから、人のこころを掴むのは難しい。

起業家に群がる「脱サラブローカー」たち

ビジネス誌を出していると、取材 interview や情報交換 information exchange でいろいろな職業の人物と出会う。起業支援 support for start-ups がらみでいうと、ベンチャーキャピタリスト（VC）、開業支援屋（司法書士・税理士・中小企業診断士）、会社設立屋（ウラ司法書士）、上場請負屋（公開実務）、インキュベーター（企業育成・

公開)、創業・開業塾屋（起業私塾)、ベンチャーファンド屋（資金調達)、エンジェル（個人投資家)、開業コンサルタント、ヘッドハンター、金融ブローカー、補助金コンサル、取り立て屋、フランチャイズ支援屋（FC コンサル)、企業再生屋、M ＆ A ブローカー、危機管理コンサル、中国進出支援コンサル、台湾・韓国商材ブローカー、代理店ブローカー、商品ブローカー、営業請負屋、マルチ商法屋……などだ。こう名刺を並べてみると、業種 type of business もサービスも多彩 various で、起業ブームの反映と言えなくもない。

この仕事師たちに共通するのは、リストラなどで会社を飛び出した「脱サラブローカー（一匹オオカミ)」という点だ。銀行、証券、商社、化学、調査、人事、IT、外資系損保と前職 former career も様々。もちろん、彼らがすべてヘンなことをやっているワケではない。知識 knowledge と経験 experience を積んだその道のプロもいる。

しかし、素性が怪しくしっかりした「モノ＝商材」を持っていないブローカーがいかに多いことか。彼らは情報 information と人脈 connection を生業にしているのだ。

彼らのほとんどが、創業 5 年未満の若い会社を「お客さん」easy mark にしている。創業間もない会社は人手も金も情報も少ない。それでつい、怪しげなコンサルタントやブローカーと付き合うハメになるのだ。20 代の社長や脱サラ起業家 dropout entrepreneur、主婦起業家 house-wife entrepreneur などは世間知らず babe in the woods でつけ入るスキが多いのである。

この種の仕事師 dubious professional たちが目立ってきたのは、リストラの嵐が吹き荒れた 1995、96 年ごろからである。大企業 big firms を脱サラしたり、中堅企業 middle-sized firms でそこそこキャリアを積んだあとリストラに遭い、一本立ちした連中である。会社が潰れて放り出されたkicking out連中も多い。40、50代では再就職reemploymentも難しい。それじゃ、人脈connection頼りの商売でもやってみようか。脱サラコンサルもブームだしな。ブローカーたちは、多かれ少なかれそんな背景individual historyを背負っている。

この時期は、第3次ベンチャーブームで脱サラホヤホヤ社長や起業家予備軍を応援する「ビジネス支援ビジネス」が、スキ間産業nicheとなっていた。経費減らしcost cuttingに死にもの狂いの企業では、アウトソーシングoutsourcingが注目attentionを浴びていた。脱サラブローカーが活躍(暗躍)できる「スキ間市場」niche marketが、ポッカリ空いていたのだ。

起業の現場では、「リストラ起業家」を「リストラコンサル」が支えるという、大失業massive jobless・大リストラmassive lay-offs時代ならではの奇妙な需給関係demand and supplyができ上がってきた。つまり、シロウトがシロウトを喰いものにする“無法市場（産業)”jungleができている。

なにせ、これらの仕事には資格licenseもなにもいらないから、名刺1枚で誰だってなることが出来るのである。

この脱サラブローカーは素性antecedentもハッキリしないが、脱サラ予備軍たちも、手っ取り早く事業を立ち上げたいし、手軽に稼ぎたいとムシのいい考えを持っている。そこで両者のニーズが一致するから、需要はいくらでもある。

では、その中の1人、代理店ブローカーのプロ・柿内純一（仮名）の商売の手口を紹介しよう。

名刺10枚を操る代理店ブローカーが仕掛ける錬金術

マンションやクルマなど高額商品 expensive product の売り出しでは新聞の折り込み広告が使われる。いわゆる「反響セールス」というヤツだ。ところが、柿内が売っているのは商材ではなく、脱サラ相手の「代理店」agent である。つまり、代理店の“権利”right を広告や折り込みチラシで売っているのだ。俗にいう「代理店商法」である。

一応､柿内は「素性がしっかりした商材」を引っ張ってきている。環境 environment、医療 medicine、美容 beauty、健康 health といった脱サラ予備軍が成長株 glamour stock と目をつけそうな有望商品ばかり。これまで扱ったのは、業務用浄水器、空気清浄器、土壌改良剤、水質浄化剤、エコロジー系新建材、注射針処理装置などだ。エステサロンやネイル商材も扱ったが、こうした商品は単なるエサ ground-bait である。

柿内はこうしたエサでおびき寄せたカモ sucker と、代理店の契約 contract を結ぶ。タテマエ上、全国を都道府県別に分割した「エリア代理店制」を謳っている。人口で割り出し、100万人に1代理店が原則 rule だ。東京は15店、大阪が8店、名古屋が5店などと決め､全国に約150カ所ほどの“代理店ワク”を設定 set している。このワクを1ワク何十万かで売るワケである。

代理店の加盟料 entry fee は、モノにもよるが50万円から数百万円。平均すると70～80万円か。1回の広告反響が40～50件ほどあって、成約まで持っていくのが2、3割程度だという。単純計算 simple calculation すると、広告費 ad money などの経費 cost を差し引いても 700 〜 800 万円の稼ぎになる。商材の仕込みから代理店料の回収 collect まで半年ほどかかるが、金さえ引っぱったら、即座にクローズする。こうした案件 business を仲間 2、3 人で年間 4、5 件こなし、3000 〜 4000 万円稼いでいる。

柿内の扱う商品は、単価が 20 万円から数百万円（注射針処理装置など）とバカ高い。新規事業 start-up venture を仕込む場合、商売になりそうな大型商品で長く売れそうなものがポイントだ。値決め price setting でも、「高くなければ利ザヤが稼げない」という売る側の思惑 speculation を読んでいる。安い商材は逆に足元をみられて嫌われるという。安かろう、悪かろう、と思われるのだ。

実は、こうした商材 products は名もない中小企業や台湾 Taiwan、韓国 South Korea あたりのベンチャーが開発した商品なのである。ベンチャーなので販売力がなく、商品化したまま眠っている。そこに目をつけ、商品探し専門のブローカーも動いている。彼らは眠った商品を骨董品 antique よろしく発掘 dig してくる。世の中にはそんなベンチャーの失敗商材がゴマンとあり、商品発掘には困らない。

メーカーとは成功報酬 completion bonus のフルコミッション契約を結ぶ。メーカーは商品で儲け、柿内たちブローカーは代理店料を抜く take a rake-off。売った後のサービス after-sales service や販促サポート promotion もすべてメーカー側に押しつけるのだ。事務所もメーカーに間借りするケースが多い。場合によってはメーカー役をやったりもする。

たとえメーカー役になっても、顧客が工場などに乗り込んで調べたりすることはない。その前に、サンプル品からパンフレット、プロモーションビデオ、市場調査資料、公的機関 public organization の性能検査データ、販売マニュアル sales manual など十分すぎる資料を用意しているからだ。その点ヌカリはない。明日からでも売り歩けるようにしてあるから、めったにカラクリ trick はバレない。それがこの商売のミソ good thing でもある。

柿内はペーパーカンパニーを5､6社持っていて､場合によっては、秘書代行サービスなども使ったりして偽装 disguise する。

商材ごとに10枚以上のニセ名刺を持ち歩き、「○×会社取締役営業本部長」「専務取締役」「常務取締役」などと肩書 title を入れている。ホンモノの名刺 business card には、「○○グループ代表取締役」と肩書を刷っている。たとえ事務員 employee は1人でも、「○○グループ」と書き実態を大きく見せかける。まあ､これはウソではない。仲間十数人（社）と徒党 ring を組んで仕事をしているからだ。

だが、ウブな起業バカはすぐ肩書に騙されるから、実態を大きく見せかけた名刺の効果は絶大 enormous である。

新聞、雑誌、折り込みチラシで反響を拾う

柿内は角刈りアタマにガッチリした体格 stocky frame。肌が浅黒くギョロリとした両眼。オシが強くいつも茶系統のダブルのスーツを着ており、初対面 first impression ではコワモテの印象を受ける。

だが、政界、官界のウラ事情に詳しく、自民党の秘書人脈も握っている。驚くほど世間に精通していて、30分も話をするといろいろな業界のウラ話 inside story が飛び出し、相手を飽きさせることがない。このウラ知識 inside knowledge とたくみな話術 cross talk が

彼の商売道具である。

代理店募集のやり方は、まず広告料金 ad rate が安く、審査 pre-vetting of ad がないニュービジネス雑誌、ベンチャー雑誌、夕刊紙、スポーツ紙に小さな募集広告 classified を打つ。日経新聞などにはニュースリリースを送ったりする。大がかりな場合は、代理店説明会を開いて募集をかけたりもする。

広告で反響 response があるのは、朝日新聞や読売新聞の地域版折り込み求人チラシ。配布部数が多く、地元の脱サラ希望者や主婦起業家がおもしろい商材を探しているのだ。

これで仕込み preparation は終了。後はワナに引っかかるヤツをじっと待つだけである。折り込み料わずか 4、5 万円で、4、5 件もの契約 contract が決まったケースもあった。欲にかられたバカ dumb はいいカモなのだ。

そして広告を打ったら半年で勝負をかける。この商売は短期決戦 short-lived war がポイントだ。喰いつき initial response が悪かったらすぐ諦め、次のターゲットを探す。このキッパリした引き際 when to leave が肝心なのだ。

柿内の事務所には日本地図が張ってあり、赤、青、黄のプッシュピンが突き刺さっている。赤が「完売」、青が「未開拓」、黄が「交渉中」という目印 sign である。1 つの仕事で 20 ～ 30 地区も埋まれば大成功だ。

念のため書いておくが、これでも柿内はブローカーとしては“良心的” conscientious な方である。なぜなら、売るモノがあるからだ。悪質 malicious なケースでは、売るだけ売って代金を振り込ませ、ドロン、と姿を消す連中もいる。ビジネス版の振り込め詐欺だ。アフターサービスや販促支援なんて知ったことじゃない。こうした連中に引っかかると、販路開拓 marketing も売り方も知らずじまいでたちまち在庫 inventory の山を築いてしまう。

こんなブローカー連中も会社を作り、アパートやマンションに事務所を構えている。契約のことがあるので、一応、会社登記 register している。このためシロウトがインチキ商売 fake business を見破ることは難しい。契約後、初めて詐欺の実態 reality of the scheme がわかるのである。そのときは代理店料を支払っており、もう手遅れ too late なのだ。

1000 万円吹っかけてきたビジネスコンサルタント

脱サラ直後のシロウト起業家 amateur entrepreneur の周りには、ブローカーだけでなく、さまざまな「コンサルタント」という起業助っ人をカタる連中がうごめいている。ブローカー同様、いまではあらゆる分野 field でコンサルタントが存在している。店舗開業コンサル、FC コンサル、販促コンサル、技術コンサル、ベンチャー支援コンサル、金融コンサル、株式公開コンサル、人材開発コンサル、労務管理コンサル、エステ開発コンサル……。その数は軽く数十種類を超えるだろう。国や自治体 municipality の補助金 subsidy 獲得コンサルタントなどもいるのだ。

【実例 11】人工透析患者用の治療食宅配ビジネス
→敗因●あやしいコンサルタントのいいカモに！

治療食の宅配ビジネス home delivery を始めたメディカルフー

ズ（川越市）の大石英夫社長（脱サラ時・43）も、悪徳コンサルに1000万円吹っかけられたことがある。大石は病院給食の最大手leading company、日清医療食品からの脱サラ組で、それまで埼玉地区の営業salesを受け持っていた。

当時、日清医療では在宅の人口透析患者向けの減塩透析食に進出していた。患者やクリニックから弁当の味がいいとの評判reputationを得ていたが、その実態はコンビニ弁当屋に丸投げして口銭を抜くやり方をとっていた。それで利幅marginが薄くなかなか採算profitがとれず、5、6年で撤退withdraw。大石はそのアトガマを狙ったのである。

透析患者dialysis patientは全国で18万人もおり、毎年1万人ずつ増えている。外来患者outpatientは、昼間、クリニックで透析を受けながら「透析弁当」を食べる。ここ数年、透析専門クリニックも増えているが、都心urban coreでは厨房が作れないビル内クリニックが多かったのだ。そこに大石は目をつけた。

「高齢化で患者は増える一方なんですよ。日清の丸投げ方式じゃなく、メニュー開発から製造まで自分たちでやると、結構、おいしい商売になるんです。市場規模はざっと計算して160億円ほどあると見ています。今後、少なくとも25年間市場は拡大する一方なんですよ」

いまなら透析食の専門会社specialty companyは2、3社しかない。自分にも十分チャンスがある。腎不全kidney failureなどの治療食を入れると市場は1000億円。1％の市場をとっても10億円。病院営業10年の経験から、大石はそう見込んでいた。

ちょうどそのとき、「ビジネスコンサルタント」を名乗る村井五郎（仮名）が近づいてきた。最初は取材 interview の名を借りてやってきた。市場に打って出るメドもつき、これからスポンサーや外注先、提携先、パートナーなどに、しっかりした法人 corporate body が欲しいところだった。

村井は 2、3 のニュービジネス誌の名前を出し、「こりゃあ、あくまで広告です、好きなように書いてあげますよ」と言った。自分が自由に書ける雑誌が、流通専門誌、外食誌などまだ 5、6 誌あると自慢 boast した。

「それら 2、3 誌に露出して 1 件でもいい相手が見つかると、モトが取れてお釣りがきますよ。1 人の営業マンを雇うより安上がりですよ」

と売り込んできた。

その言葉を信じて、大石は 15 万円出して名の知られたニュービジネス誌に 1 ページ書いてもらった。だが、発売後 15、6 件の問い合わせ電話が鳴ったが、結局、商売に結びつく反響は 1 件もなかった。みんなヒヤカシ半分 partly for fun の個人ばかり。資料を宅配便 delivery service で送っても、いっこうに返事もこない。そのことで文句を言うと、「それじゃ本格的にコンサルをやらせて欲しい」と言ってきた。

「ヒヤカシで料金を聞くと 3、4 カ月の指導で 1000 万円と吹っかけられ呆れ果てましたよ。その後も毎月高額のロイヤルティーがいるって言うんですよ。年商が 6000 万円ちょっとで、やっとトントンになったばかりなのに、そんな金、どうして出せますか。バカバカしいので笑っちゃいましたよ」

村井の説明では、フランチャイズ（FC）支援の専門会社に委託

entrust すると、FC システムは 1 年で立ち上がるという。ビジネスモデルの開発からマーケティング、加盟店募集まで一連の費用が 1000 万円だという。そのコーディネートをやらしてくれというのだ。

だが、よく考えてみると FC を導入するのはいい。しかしコンサル会社は肝心の透析食ビジネスにはズブの素人だ。そこのスタッフも自分以上の知識 knowledge や経験はないだろう。それじゃ、なんの助っ人にもならない。大石が欲しいのは、パートナー企業であり、病院を引っ張ってこれる、医療業界にコネを持つコンサルだ。

なにしろこのコンサルという職業、ブローカー同様、資格 license、学歴 academic record、年齢を問わない。名刺に「経営コンサルタント」という肩書を刷ったら、明日から誰でも商売が始められる。パソコン、電話、ファックスさえあれば自宅事務所で開業できる。大企業の定年退職者などがなりたがる人気ナンバーワンの仕事である。

それを奨励 encourage する記事が大新聞やビジネス誌で特集され、コンサルタント養成スクールも開業。コンサルタントになる本もベストセラーだ。もちろん、きちっと経験を積んだ地道 secure なコンサルも多い。しかし、「起業支援」という分野は、このニッポンではまだまだ草創期 time of foundation で、しっかりした経験、実積、知識を持った「ゼニが取れるプロ」は 20 ～ 30 人ぐらいしかいないだろう。

一般にコンサルタントの報酬 reward は、中小企業診断士の資格者で日当 5 万円ぐらいが相場 going rate だ。請け負う仕事の難易度 difficulty level やキャリア、企業規模 business scale によって報酬額は一定ではない。3、4 カ月で 1000 万円などという金額は、明らかに吹っかけ stick it on だ。

村井が名乗ったのは「ビジネスコンサルタント」。名刺に刷った営業品目 business item は、ニュービジネス、教育ビジネス、独立・転職、中高年問題とあった。どれ1つ取っても、その道20、30年のキャリアがいるものばかり。「シニアビジネスネットワーク代表」との肩書 title も書いてあった。要はなんでもいいのだ whatever。

この村井に私も1度会ったことがある。そのときは確か「サバイバルネットワーク代表」と名乗っていた。リストラが社会問題 social issue になっていた1996年ごろのことだ。その時々の社会のニーズに合わせて、巧みに会社と肩書をでっちあげて商売をやっていたのだ。前職 former title は人事セミナー会社かなんかの講師と聞いたことがある。こういう輩も脱サラ起業家の不安心理 anxiety につけ込んだ、一種の詐欺師 crook だろう。

協力会社もズルズル金をつぎ込み1500万円の損害

話を大石の透析食ビジネスに戻そう。

大石のビジネスは、資金不足 shortage of capital で苦労が続いた。メニュー開発から製造・配達 production and delivery まで一貫してやると、人手以外に厨房や配送車などの設備がかかり、1000万、2000万の資金ではどうしようもないのだ。それで東京商工会議所 Tokyo Chamber of Commerce and Industry のベンチャーネットに登録 register し、パートナー募集も始めてみた。本音を言えば、なんとか金づる money-spinner をつかみたかったのだ。

それと同時に、2年ほど前から上尾市で総菜店を経営する田村敦（45）を事業パートナーに引き入れていた。田村の店はイトーヨーカ堂に出店し、妻も手伝った家族経営 family-run ながら、堅実に利益を出していた。しかし、この中食業界も市場こそ急成長しているが競合 competition が多く、1円、2円の利益を奪い合う競争 competition の世界である。原価 prime cost はどの店も変わらない。後は値段 price の勝負に巻き込まれてしまうのだ。

それが透析食だと、200食、300食と量がまとまって受注 order intake できるのが魅力だった。しかも、味がいいなら1食550～600円と、そこそこの値段で注文が取れる。付加価値 added value もいい。市場規模もでかく、なにより将来性 potential がある。

そこで田村は、半年前に「メディカルフーズ事業所」を立ち上げ、透析食専門の厨房ラインを構えた。その設備関係 equipment ですでに1000万円以上投資していた。

2人の戦略 strategy では、当面の目標 immediate goal として東京、埼玉、神奈川で中堅病院を攻め、6病院700食の獲得を目指していた。当時、埼玉だけで10クリニック350食とっていたので、その倍増の計画だった。採算ライン break-even point が400食。東京の多摩地区や城東地区、横浜などを攻めると、半年後には500～600食いけると踏んでいた。

ところが、1年ほど前から大手給食会社の切り崩し offensive action が始まっていた。大手は資金力にモノをいわせて、市や病院に冷蔵庫や温蔵庫を数十台単位で寄付 contribute して受注をとりにきた。自治体の福祉 welfare や医療分野 medical care は、表向きキレイごとを言っているが、内情は利権 vested interest が渦巻くドロドロ cozy ties の世界でもあった。

やはり最後は資金力の差だった。メディカルフーズでは銀行融資 bank loan を申し込んだが、貸し渋り reluctance to loan にあって失敗した。方々に借金を申し込んだが、事業資金 business fund に回せるほどは集まらなかった。

「いろいろな人がこの事業の話を聞きにきたけど、あまりにも金をかけないで儲けたいという人が多すぎますよ。そんな連中に引っかかったら、うまいことといって騙されるだけ。もう、お金を出す人しか相手にしたくないです」

大石はインタビューでこう言った。実はこの事業に 6 年間で 4000 ～ 5000 万円ほどつぎ込んでいたようである。売上は最高 maximum で 6400 万円しかいかず、その後は大手給食チェーンに押されてジリ貧状態 dwindling に陥った。

田村も 1500 万円ほどつぎ込んでいた。2 人の関係がうまくいっていたのは 1、2 年ほどだった。その後は売上の見通し prospect が立たないまま、完全に決裂 fall apart していた。金の切れ目が縁の切れ目なのだ。

「いま、大石は借金で逃げ回っていますよ。当時からカネに困っていたんです。あんな人とはもう付き合いきれないですよ」

最強のパートナーのはずだった田村は、2004 年末の私の電話インタビューでそう吐き捨てた。その後、大石英夫には連絡 contact が取れなくなってしまった。業界トップ企業出身の大石は、営業マン salesman としての実績を自分の経営者としての実力だ、とカン違いしていたのだ。ヨソの会社の事情もわからない。そして彼には肝心の資金力がなかった。そこに経営者としての見通し forecast の甘さと落とし穴があったのである。

架空の「IP携帯電話」でっちあげで21億円詐取

新技術 new technology や新サービス new service が登場すると、新手の詐欺商売がゾロゾロと出てくる。新札 new bill の発行に合わせてニセ札 counterfeit bill が出回るのと同じ理屈だ。ドサクサにまぎれて一儲けしよう、と企むワケである。

時代を引っ張るような画期的 epoch-making な技術が出てきても、それを評価できる“目利き”はごく一部しかいない。そこにニワカ専門家 instant expert が登場し、市場をアオりたてる。ひとヤマあてたい金持ちや起業予備軍などがワッと群がり、金脈であるかのようにカン違いさせられる。ネットバブルの熱狂 frenzy を思い出すとよくわかるメカニズムである。

7、8年前に登場してきたIP（インターネットプロトコル）電話がらみのビジネスにも、一時、技術的にも営業的にも怪しい会社が多かった。いまでも怪しげな商法 dubious business-model で堂々と全国展開を行っている“IP電話ベンチャー”も存在している。ここで触れるのは、架空の「IP携帯電話」をエサに21億円も騙し取った“ベンチャー詐欺師”のダマシの手口 dodge である。

【実例12】IP携帯電話サービス

→敗因●まだ商品化できる技術がなかった！

通信ベンチャーという触れ込みの「ジャパンメディアネットワーク（JM－NET）」（東京・西新橋）が、IP携帯電話ビジネスに乗り出したのは2002年11月のことだ。岩田誠一社長が休眠会社

defunct company を買って立ち上げた。もともと岩田は、ビジネス誌の編集や経営情報サービス会社の出身で、通信にはズブの素人 true amateur。それが熊本市のベンチャー「ウイルス」の技術で、「かけ放題の定額制で月 4500 円という画期的な携帯電話サービスを実現する」とマスコミでブチ上げたのだ。

携帯料金は高く、誰でも 1 万円ほど支払っている。それが「かけ放題 4500 円」なら途方もないビジネスに化ける。電話の使い方も簡単。独自開発の専用アダプター「モブデム」を装着 install するだけ。どの機種でも相手にアダプターがなくても通話できる。これが実現すれば、夢のようなサービスとなったはずだ。

大手通信会社や有力ベンチャーも IP 携帯に挑んでいたが、当時はまだどこも完成 complete させていなかった。専門家からは「JM – NET のサービスは技術的に不可能だ」との声が相次いでいたが、それを押し切って、国内最大のワイヤレス・モバイル機器展にも出展し反響 impact を呼んだ。しかし、肝心の音声圧縮 audio-compression や専用サーバーの技術情報については企業秘密 company secret を理由にオープンを拒んでいた。マスコミや専門誌は開発段階から疑問 concern を感じていたが、情報がない以上、正面切っての批判記事は出にくかった。

岩田は夢のサービスをブチ上げながら、金集め fund raising にも着々と手を打っていた。2002 年 12 月から代理店・取次店制度をスタートさせたのだ。この制度は代理店で 3000 万円、取次店で 500 万円の保証金 deposit を積んで事業に参加 get into するというものだ。保証金はあくまで「与信担保枠」であって、その 3 倍の商品を優先的に仕入れられる仕組み scheme だった。つまり、代理店で9000万円、取次店で1500万円の商品仕入れ枠が与えられ、保証金を積めばつむほど商売を優遇 warm treatment するという内容だった。

保証金の3000万円がパア。株価操作疑惑も

この岩田誠一の儲け話 winning story に乗ったのが、新宿で携帯電話店を経営するK社のM社長である。2002年11月、一般募集 general application に先駆け3000万円の保証金を積んでジャパンメディアと代理店契約を結んだ。これでK社は縁故 connection で集めた有力代理店数社の中の1社となり、関東全域での営業権を確保 secure した。いわばジャパンメディアのパートナー企業としての処遇を得たのである。

M社長は、この3000万円を化粧品の訪問販売会社のオーナー社長から調達 raise した。そしてこの70代のオーナーを会長に立てて、IP携帯専門の販売会社 sales company を立ち上げたのだ。資金はすべて老オーナーが負担した。資産家のオーナー社長を引っ張り込み、"携帯金脈" で大儲けしようと勝負をかけたのである。

実は、M社長は1回会社を潰している。銀行にも信用 credit がなく、資金繰り fund raising でオーナーに頼るしかなかった。それで傘下に個人取次店を作り、コンビニ convenience store、本屋 bookstore、文具屋 stationer、ビデオ屋 video rental など販路の開拓に乗り出した。しかも、知人の会社社長を取次店仲間に引き入れていた。その中には1000万円出して2口の権利をとった人もいた。

一方、ジャパンメディアはIP携帯の発表直後、東証2部上場の

下水道工事会社、大盛工業の出資 investment を受けていた。これをきっかけに低迷 decline していた大盛工業の株価 stock price が急騰 uprising。この不自然な動きに、「JM – NET は大盛工業の株価を吊り上げようとしている」と株価操作 stock manipulation の疑惑が証券業界で噴出した。

そんな騒動の真っ最中、2003 年 3 月 17 日、TBS テレビ「ニュースの森」が「IP 携帯電話の定額サービスは技術的に疑問だ」と報道 report した。これが致命的ダメージ fatal blow を与えることになる。

注目のサービス開始は 4 月 1 日だった。それが直前になって 8 月に延期 postpone された。さらに 8 月末に再延期となった。それ以降はドタバタ劇 knockabout が続く。偽アダプターが登場したり、代理店対策で IP 携帯に代わる新サービスを始めようとしたりした。

ジャパンメディアの迷走で K 社も大混乱 havoc に陥った。個人起業家を相手に加盟金を取り、販売権を切り売りしていたのだ。すでに予約 reservation が数千件単位で入っていた。K 社長は、後始末 post-management ぶりをこうふり返った。

「サービスが延期になった連休明けから毎日、携帯電話に加盟料を返せ、と催促の電話がジャンジャンかかってきて、もう、ノイローゼ状態になりましたよ。何十件も電話が鳴って。それで携帯を代えたけど、また新しい番号にかかってきて、地獄でしたよ」

大体、まともな事業会社だったら巨額の保証金 huge deposit など要求してこない。それも商品が完成しないうちから公募方式で、代理店料や取次店料を取ったりしないだろう。その時点で金集めだと気づくべきだったのだ。

結局、ジャパンメディアネットワークは2004年1月に破産bankruptした。帝国データバンクによると、負債額amount of debtは21億1300万円となっている。しかし、その実態はもっと巨額に上っているだろう。倒産の理由は「新商品開発の失敗」に分類されているが、商品開発product developmentで破産go brokeする会社などあり得ない。これは商品開発詐欺の典型だろう。

経営破綻後、岩田誠一の自宅マンションを直撃取材した『経済界』は、「自己破産の1月19日以降、代表者の岩田氏は海外逃亡していた」と報じている。M社長も2003年末から消息trackを絶っている。

1口2000万円、1回限りのバクチだ！

創業2、3年のベンチャーの悩みは、ズバリ資金繰りfund raisingだ。銀行融資のワクが干上がり、商工ローンもパンパンの後、すがりつくのはヤミ金black-market financingより怖い、金融ブローカーloan sharkの差し出すワナである。決算書financial settlementや事業計画business programを粉飾dressingして資金を引き出す裏ワザだ。ヤミ金には自己破産voluntary bankruptcyという手がある。だが、このカネに手を出すと、最悪の場合、詐欺罪fraud chargeでの監獄入りが待っている。この手の融資サギは、不況のいま、事件化して新聞などに毎月載っている。

新宿のシステム開発会社社長、山中太郎（仮名）は、この誘いに乗ってしまい、わずか1年で会社ごと破綻してしまった。この青年実業家は、なぜ、違法マネーillegal moneyに手を出したのか？

【実例13】システム開発会社
→敗因●金融ブローカーにはめられた

山中にその話が持ち込まれたのは、2003年のゴールデンウイーク前のある日だった。仲介者fixerは知り合いの金融ブローカーだ。

「金利は2、3%台で無担保、無保証人。出所はれっきとした大手都銀。1口2000万円。ただし、条件がある。会社を潰す覚悟でやって欲しい。1回限りのバクチだよ。コミッションに6割持ってかれる。それでいいか？」

コミッション6割はひどい。でも、無担保without security、無保証人without bondsmanで金利2%とは夢のような話だlike a dream。コミッションは後でかけ合おう、山中はそう思って8割方その話に乗っていた。

むろん、「会社を潰す覚悟」との言い方が気になった。だが、そのときは「そのぐらいの覚悟をしろ」という意味だろう、と受け取った。そして3年の借り入れなら返済pay backは月50万円台か、と計算した。

システム開発を行う山中の会社は、創業3年で年商2500万円。社員が2人。メインバンクの信用金庫shinkin bankからの借入額が、自宅マンションを担保に1500万円ちょっと。東京信用保証協会を使ったのが250万円ほど残っている。サラ金easy money lenderで借りたのが3社で110万円。年金暮らしの父親からも1000万円ちょっと借りっ放しの状態だった。創業以来、苦楽good time and bad timeをともにしてきた専務も個人名義で600万円ほど背負ってくれている。借金はもうパンパンの状態だ。3日前、商工ローン

commerce and industry loansを申し込んだが保証人backerが立てられなかった。

そのとき、半年かけてツメてきたシステム開発の仕事が進んでいた。それは食品ベンチャーが手がける顧客仲介のシステム案件だ。原料メーカーとユーザーの外食企業food-service industryをインターネットでジカに結びつけよう、というものである。これだと商社に支払う口銭の中抜きdisintermediationができ、外食側はいい原料を安く早く仕入れられる。原料メーカーも安定供給先が確保でき、双方にメリットがある。

このプロジェクトが決まると、システム開発から顧客サービスのネットマガジンの編集・発行まで請負う約束agreementだった。システム全体の管理・運営まで入れると総額700～800万円の売上になる。ネットマガジン関係だけで月150万円ほどの仕事businessになるだろう。しかも、このプロジェクトは第1弾で、これをキッカケjump-startに次の仕事が引き出せそうだ。そんな話を食品ベンチャーの若い担当役員と語り合っていた。そうなると、月50万円の支払いなら十分いけるはずだった。

2000万の融資で仲介料は1000万

人間とは不思議なもので、カネにつまると目の前のカネを追いかける。3日後に迫った支払いpaymentのため、10万円のカネを“トイチ”の金利interestでも借りてしまう。追い込みdebt collectionの苦しさから逃れようと、後先のことは考えず自分勝手な返済計画を作ってしまうのだ。そのときの山中の心理mindがそうだった。まだ売上が立っていない仕事を当てにしたのだから、自爆 blow up は見えている。

それにしても 6 割の仲介料 commission はあんまりだ。だが、いまさら引き返すことはできない。仲介料を 4 割まで引き下げるよう、交渉 bargain しよう。1200 万円の現金が入れば、半年は仕事に没頭 devote でき、なんとかプロジェクトが立ち上げられる。いまは危ない橋も渡る walking on a tightrope しかない。

連休後すぐブローカー側と会った。場所は上野の古ぼけたブローカーの事務所。出席者はこちらが専務 executive director と 2 人、相手はブローカーを入れて 4 人も出てきた。

本ボシは別の人物だった。ブローカーの間にもう 1 人、「八百屋のオヤジのような」顔のジャケット姿の仲介役がいた。その男が本物のブローカーを連れて来ていた。もう 1 人謎の人物 mysterious figure がいた。つまり、本物のブローカーにたどり着くまで、2 人の男が間に立っていたのだ。

そのブローカーは金森重夫（仮名）という名刺を差し出した。よくみると、名前の上に小さく「Ambassador」（大使）と肩書を刷り込んでいる。悪魔の大使、というワケか。

金森はすらっとした背丈で髪はオールバック。キレもののビジネスマンといった雰囲気で、個性派俳優・西岡徳馬に似ていた。

「はっきり言いますが、これヘンな金じゃありません。融資先は大手都銀、中小企業救済が目的の金なんですよ」

と切り出した。

金森の説明では、昨年、政府が中小企業対策 measures for small and mid-sized firms で数兆円の予算 budget を計上している。それが都市銀行に別枠で流されており、各行数千億円規模の無担保ローン unsecured loan を作って貸し出すよう、国から要請されている。対象は、創業 2、3 年の有望なベンチャー企業だという。

そのワクの分捕り合戦が 3 月ごろから始まっている。いまならまだ予算が潤沢 abundant なので、申し込んで 1 カ月ぐらいで実行 go on practice されるだろう。これは政治予算だが、われわれのグループに政治家は噛んでいない、と話した。

金森は銀行の融資担当のように、金利 2 ～ 3%の変動プライムレート、融資期間 period of lending は 3 年、と具体的に説明を始めた。その説明に引き込まれた山中だが、自分の意見 request をきっちり伝えることは忘れなかった。

「条件は十分ですが、仲介料 6 割はキツいですよ」

「われわれの後ろで作業グループが動いてるんでね、結構、経費がかかるんですよ。それじゃ、私の方から連中に言っときます。希望はどのくらいですか？」

「4 割に下げてもらえませんか」

「それじゃ、間をとって 5。それで決断してくださいよ」

早く申し込まないと夏にはワクが干上がってしまう、とせっ突かれた。決断 decision もなにもなかった。山中のハラは固まっていたのだ。こいつらに 1000 万持っていかれるのか、そう思ったが、いまさら悔いても始まらない。

通常、金融ブローカーのコンサルタント料は融資額の 5%前後だ。なかには 20 ～ 30%とる悪徳コンサルもいるが、これは明らかに出資法違反 violation of investment law である。だから、今度の 50%などという高額報酬は異常 extraordinary で、完全に足元を見られていた。

それでもあせっていた金森は、あっさりと契約を結んだ。その時点で判明したのだが、ナゾの男は「領収証屋」だった。仕事が終わったら最後の仕上げでこの領収証屋 fake-receipt maker が登場。入出金すべての領収証を十数社名義で発行し、経理の帳尻を合わせるのだという。それですべてを闇の中で処理してしまうのだ。

金森の話を裏づけるように、6月ごろから大手都銀が保証人なしの無担保ローン unsecured loan の販売に乗り出したことが、日経新聞などで派手に報道され始めた。

三井住友銀行は中小企業向けの融資拠点を70カ所増やし、新型の無担保ローンの売り込みを強化した。審査 screening も3日ほどに短縮、債務超過 insolvency でも最大5000万円まで貸し出す新手のビジネスローンを投入した。UFJ銀行は中小向け無担保融資の担当者を400人体制に拡充し、「前年実績の4倍に増やす計画だ」と打ち上げている。東京三菱銀行は中小企業向けの企画部署を新設し、審査システムを簡略化 simplification して前年度の2倍貸し出す方針である。みずほ銀行も新商品「アドバンス・パートナー」を投入し、積極的に貸し出し increase new lending を始めた。

山中は自分の周りで大きな歯車が動き始めているのを感じた。

社員を水増し、売上も10倍に粉飾

それからは金森の指示 direction を受けて慌ただしく動いた。まず、自分がブラックリストに乗っていないか、新宿の信用情報機関 credit agency で確認させられた。創業以来、3期の決算書や全借り入れリスト、事業案件、取引先、外注リストなど関係書類をすべて出した。命じられるまま修正申告 amendment request をして、未納分の納税証明書を取った。そして2日徹夜して例の顧客仲介システムを柱にした事業計画書 business plan を書き上げた。

渋谷駅前の地下喫茶店で金森とグループのコンサルタントに会い、決算書や事業計画書の見直し作業 review を行った。その際、仕事の内容や取引先、住宅ローン、サラ金の借り入れ先と根掘り葉掘り聞きとられた。それを税理士 accountant と弁護士 lawyer が精査し、どの銀行に申し込むか検討 check-up するのだ。銀行によって審査ポイントが財務データ寄りだったり、事業内容寄りだったり、微妙に違うという。その弱点 weak point を突いた決算資料を何種類も作るのだ。その洗い出し作業に2週間ほどかかった。

その間にアルバイトを4人雇い、中古の机と椅子を購入して従業員を6人に水増し pad した。銀行の会社訪問に備えたのである。そして、新橋の知り合いの事務所を借りて新橋支社を新設、支社 branch を管轄する銀行の支店でも申し込めるよう準備した。

金森の情報は正確 correct だった。指示されるままメガバンクに融資の申込書 application form をもらいに行ったら、まだ発売前の金融商品 financial instrument だった。これには窓口の人間もビックリして、「どこから聞いたのか」と不審顔で尋ねてきた。なんとか取り繕うと、銀行員 teller はいったん引っ込み、奥から係長が手書きチラシの商品案内 leaflet を持ってきた。

コンサルが作った決算書は完璧 perfect だった。年商2500万円の零細ベンチャーが売上高2億4800万円、経常利益1200万円の優良ベンチャーに豹変 turnaround していた。決算書では2年の赤字

deficitを損金として計上し、昨年、5件のプロジェクトが立ち上がり、売上が急増したように工作していた。確定申告書 tax-return form には3月決算から1カ月後に税務申告を受けたよう、税務署の偽印鑑まで捺されていた。

山中は決算資料を持ってメガバンク3行に融資 loan を申し込んだ。4、5日後、2行の担当者が会社を見に来た。そのとき、金森もパソコンで作った取締役営業部長の名刺を出して応対した。銀行に事業計画を説明 explain に行くときも金森が同行し、山中を補佐 support してくれた。

審査の進捗状況 progress が刻々と報告されてきた。3行のうち1行が決まりそうだという。どうも銀行内部に協力者がいるようだ。

この方法で山中は、3カ月の間にメガバンク4行の6支店に申し込み、2口、4000万円の融資 loan 引き出しに成功 succeed した。ただし、2口目の仲介料は4割にまけさせた。

だが、頼みのプロジェクトがクライアントの資金不足で大幅縮小となり、200万円の売上しか立たなくなった。それと金森には隠していたが、知人の会社の融通手形 accommodation bill にも手を染めており、カネはアッという間になくなった。最後は月150万円ほどの借金返済がのしかかってきた。結局、10カ月余りで会社は精算 close し、自己破産に追い込まれた。

山中の会社の精算 cleaning を請け負った整理屋 hatchet man が、その辺の後日談をこう明かしてくれた。

「内情を知ってびっくりしたよ。隠していた借金話がボロボロ出てきてね。最初2000万ぐらいだった借金が、結局、1億ぐらいに膨れ上がっていた。融通手形や商工ローンだけで2000万、住宅ローン、サラ金、税金の滞納分などが1000万近く。よくあれで会社が回っていけたと思うよ。最後のころには、給料未払いだった社員がヤミ金に手を出しており、ヤクザの追い込みが300万ほど入ったよ。これはオレが追っ払ってやったがね。友だち関係にも500～600万借りていたようだね。あの会社、1年ばかりまともに仕事してなかったようだ」

銀行救済策が融資詐欺の温床になっている

山中太郎がハマった融資詐欺団の暗躍の裏には、カネにつまった零細企業 micro enterprise とメガバンク救済という、歪んだ金融政策 financial policy がからんでいる。金融庁は公的資金 public fund を注入した銀行に中小企業向けの貸し出し lending を増やすよう、数値目標 numerical target を出して追い立てていたのだ。ノルマに追われたメガバンクは、不得意な分野、つまり創業直後の中小企業やベンチャー融資に走らざるを得なかった。

そこで各行、財務データを打ち込むだけで回収不能 uncollectible の確率をはじき出す新手の審査システムを開発し、自動的に貸し出しているのだ。これで、審査の手間と期間を大幅に短縮している。だが、このデータ重視の審査システムが盲点 blind spot となって、詐欺グループの暗躍を許している。金融ブローカーの話では、こうした詐欺の被害額は東京だけで年間500～600億円に上っている、と予測 estimate されている。

危なさ risk は十分わかっていても、この「犯罪マネー」がノドから手が出るほど欲しい社長はゴマンといる。実際、私がこの取材の裏話 inside story を携帯グッズ会社の 50 代の社長に打ち明けたところ、「コミッション 30% ぐらいならしょうがないな」と池袋の薄暗い喫茶店の隅で漏らした。ブローカーを紹介して欲しい、という素振り gesture を見せたのだ。その瞳には強い光がこもっていた。

この種の融資詐欺グループには、リストラに遇った元都銀の幹部 executive たちが関わっているフシがある。各銀行の審査システムの弱点 weak point にやたら詳しいし、内部の人間 insider しか知らないような審査のナマ情報が刻々と漏れてくるからだ。

ウラ融資専門 underground financing の金融ブローカーは、私の取材に「銀行マンだけじゃなく、国税内部にも協力者がいて税務申告のヌケ穴やニセ納税証明書作りを手伝ったりする」と打ち明けた。

「休眠会社を売り歩くブローカーもいるよ。20 ～ 30 万で会社を買って架空の税務申告をするんだ。オフィスもいいところに入って。銀行に出す決算書は、売上 2 億円ぐらいにして利益も出させておき、税金も払う。それで銀行に出す確定申告書にはニセ税務署印を捺すわけ。IT 会社なんか事務所を見ても、銀行員には売上の実態などわかりゃあしない。だからカモになる。2、3 億円規模の会社が多いので、銀行間、支店間の連絡もスリ抜けやすいんだよ。新宿、渋谷のターミナル駅では、同じ銀行の西口と東口の支店で申し込んでもバレないよ」

もっと素性 antecedent が怪しいのでは、金づまりの中小企業の社長たちに持ち込まれる無担保融資 unsecured loan がある。秋葉原のソフト開発会社の社長のもとにも、2003 年 8 月ごろ、「1 週間の審査期間で 4、5 億円融資する」とブローカーを通じた融資話が持ち込まれた。

このソフト会社は創業18年、社員40名、売上が3億円ほどの堅実solidな会社である。大手メーカーの下請け中心の堅い商売stable businessをやっており、決算上は黒字surplusを出している。50代後半の社長は、新潟の工業高校卒業の苦労人person of the world。プログラマーからの叩き上げ。下請け仕事subsidyなので利幅が薄く、社長は年がら年中、資金繰りfund raisingに走り回っていた。

通常の運転資金operating moneyの借入れは、1000万円単位でよかった。それが億なのだから、文字通りケタが違う。自社製品を開発しメーカーになるのが夢だった。商品プランも2、3本あり、国立大学教授と共同開発に入っていた案件businessもあった。資金はノドから手が出るほど欲しかった。だが、断った。

「そんな金、オッカなくて手が出せなかったよ。金額がバカでかかったし、カネの出所もはっきりしなかったし。ノンバンクかなにかでしょう。知り合いの社長のところにも話がきたと言っていたよ。こんな話がいまは多いよね」

おそらくこれは、都銀から資金を引き出してきたサラ金系列の業者などが貸し出し先だろう。優秀な技術wizardryを持ったベンチャーを喰いものleechにした融資話は多い。そのウラには様々な思惑がうごめいている。こんな話に引っかかると、会社ごと乗っ取られtakeover転売されるか、利益を吸い上げられるのがオチだろう。

300億円出資のM資金詐欺団も暗躍

2003年の秋ごろには、ブローカーやベンチャー起業家の間にいわゆるＭ資金話が飛び交っていた。私も何人かの金融ブローカーから、「大物社長を紹介してほしい」と相談 consultation を持ちかけられた。

ホンダのエンジニア出身をウリものにした経営コンサルタントＹ(55) は、「政府・自民党専門家委員」と怪しい肩書 title の入った名刺をチラつかせて、夏ごろからＭ資金を持ち込むオーナー社長探しに走り回っていた。この件で１本決まりそうだ、と嬉しそうに話していた。

Ｙは本田宗一郎から直接教えを受けたというのが自慢 pride。全国のコンサル数千名の元締め padrone をしており、仕事がない地方のコンサルたちに仕事を回してやっているのだという。

上野公園のカフェテラスで取材したときなど、「この名刺は渡せないが――」と含みをもたせながら、こう打ち明けた。

「相手の詳しい内容は喋れないけど、いま、びっくりするようなシゴトで動いているんですよ。あんたたちが聞いたら驚きますよ、相手は政府系とだけ言っておきますが……」

Ｙの話から推測 anticipate すると、彼らコンサルグループは政府系金融機関に資金を引き出すパイプを持っており、それを原資にコンサル先の中小企業に低利で信用貸し credit loan をしているようなのだ。その無担保融資のおいしい話をエサに、コンサル企業を開拓し組織を拡大 expand しているようである。

加盟金は１口 100 万円。何口でも受けつけており、その 10 倍まで貸し付けるという。Ｍ資金の話もその中の１つなのだ。

新橋のカフェで会った 40 代の金融コンサルタントＮは、

「この前、知り合いの女性コンサルがこの金の引き出しに成功したんですよ」

と小声で話し出した。N はさくら銀行の元融資部次長。企業再生 corporate revitalization プロデューサーの肩書も持っており、数社の顧問 adviser をしている。彼は目の前のペーパーナプキンに、M 資金にたどり着くまでの人の流れを図に描いて説明し始めた。

真偽のウラ ground は取れないが、彼らの話に共通するのはこうだ。

まず、原資は政府の不況対策費の中の企業再生資金 5000 億円ほど。赤字になった製造業 manufacturer の救済が目的で、返済は不要 not required である。それが自民党の政治家を経由して 1 口 300 億円単位で、数次にわたって放出されるという。今回は第 1 回目で 5 口、1500 億円。

その対象は、資本金 30 億円以上の上場企業 listed company。資金の趣旨からいって地方の赤字企業が一番望ましい。そして社長の一存で決断でき、秘密が守れるオーナー経営者に限る。業種 kind of industry は問わないが、担保力のある工場を持っている会社が有利だという。

M 資金の組織には、大物政治家につながる元締め padrone が数人いる。その配下で、十数人のコンサルやブローカーたちが動いている。Y はその元締めの 1 人だ。N や女性コンサルは一匹オオカミで活動しており、配下グループの一員である。

M 資金に申し込むと、まず社長と元締めとの数回にわたる面談 interview があり、資金導入にのぞむ心構え frame of mind と決意が試されるという。担保とか保証金の類は一切必要ない。それをクリアすると、政治家との最終面接があって、融資 loan が決定するという仕組みである。

肝心の300億円はウラ金backdoor moneyなので会社の経理を通さず、社長の個人口座individual accountにジカに振り込まれるらしい。だいたいM資金詐欺では、この交渉過程negotiation processで、現金、土地、手形、株券などが騙し取られて事件が表面化するというスジ書きである。

政府の貸し渋り対策費の20兆円がヤミ資金に還流

M資金ブローカーは、私が会っただけで3人。それぞれちゃんとした事務所を構え、経営コンサルや金融コンサルの表看板official titleを掲げている。みんな会社顧問をやっていて、引っ張りダコだ。金額がやたらバカでかいが、この低金利大不況の時代、政界の裏側behind the sceneではいかにもありそうな話である。このスレスレのところが騙しのツボなのだ。

現実に、政治家や東京都議などがからんだ中小企業相手の信用保証協会credit guarantee associationの融資口利き事件などが表面化し、何度も新聞で報道されている。朝日新聞は2000年10月17日付夕刊一面トップで、《中小融資不正受給、仲介業者ら取り調べ、東京地検、都議への依頼視野》と派手な見出しを打って、東京地検特捜部が中小企業融資をめぐる大がかりな詐欺グループscam groupの捜査investigationに乗り出したと報じている。政府が中小企業支援で公的資金public fundsをつぎ込んだスキを、融資詐欺グループに突かれたのだ。朝日新聞もその点をこう分析している。

《金融ブローカーグループは、国が金融機関の貸し渋り対策として20兆円以上をつぎ込んだ融資の特別保証制度の創設がきっかけとなって動きを活発化させたことが関係者の話でわかった。特捜部も同様の見方をしており、中小企業救済のため公的資金を投入して融資条件を緩和した制度のあり方が逆手に取られた格好だ》（朝日新聞2000年10月18日）

政府が不況救済費で20兆円投入したのは、金融機関の貸し渋りcredit crunchが社会問題化した1998年10月。当時、リストラ・倒産が多発する一方でベンチャー設立ブームも高まりつつあった。それで政治家やブローカーの手を経て、ゆるい審査のヌケ穴loopholeを通ってベンチャーや中小企業、ヤミ世界（休眠企業）などに流れているのは間違いない。事件化したのはほんの氷山の一角tip of an iceberg。融資詐欺やM資金もこんなところに源流があったのである。

このM資金には後日談more to itがあって、私の知り合いの商品ブローカーが運よく条件ピッタリの社長をつかまえた。話はトントン拍子に進み、一流ホテルでの最終面接にこぎつけて「OK」が出たという。ところが、半信半疑half in doubtのまま話に乗っていた社長が、あまりの金額のデカさにビビってしまい、ドタン場で降りてしまった。

口利き料は1億円。銀行口座を開設し、ブローカー氏は入金bank transferをいまかいまかと待っていた。後日、居酒屋で「あの社長……」と私の目の前で悔しそうに呟いたブローカーは、ホント実在existしているのである。

だが、ぬるま湯で育った脱サラ起業家がこんなヨタ話に飛びつくと、とんだ落とし穴 trap にハマってしまう。無償のカネほど怖いものはない。ブローカー話に乗ってしまうと、あの手この手で身ぐるみ剥がされるのが落ちだろう。

繰り返すようだが、人間は目の前のカネに弱い。そして、自分だけは騙されないなどと、根拠のない自信 baseless confidence を持っている。そうして、モノの見事に騙されるのである。

Chapter 4
第４章

脱サラを喰いものにするフランチャイズ商法
Franchise Leech Corporate Dropout

すべてのFCは本部だけが勝つ

脱サラ起業の大きな受け皿となっているのが、フランチャイズチェーン franchise chain（FC）ビジネスである。

FC業界は、コンビニを筆頭にファーストフード、家具・家庭用品、レストラン、居酒屋、弁当・総菜、回転ずし、衣服・飲食小売、レンタルショップ、100円ショップ、学習塾とあらゆる小売・サービス産業を網羅 cover している。街を歩けばFC店にあたる、と言ってもいい。

この業界は、統計 statistics に現れただけで18兆円の市場規模 market scale を誇り、本部数は1000を超す巨大産業 big industry となっている。加盟店数は21万店にのぼり、この大不況 big slump の下、市場も加盟店も右肩上がりで伸び続けている growing steadily。

さらに、業界の特徴 characteristic として、数字で捕捉できない中小本部が非常に多い点があげられる。このため FC の実態はもっと大きく、「本部の数はいまの倍以上、市場規模は 20 兆円を超えている」と予測する専門家 expert もいる。

実際、最近ではネット不動産や葬儀、介護、ペットショップ、探偵、防犯グッズ店、骨董店、アダルトショップまで FC 化されている。はたしてどんなノウハウがあるのか、まったくもって疑わしい会社でも、平気で FC 本部を名乗っているのだ。こうしたアウトサイダー的な FC 本部は業界団体 industry association の日本フランチャイズチェーン協会（JFA = Japan Franchise Association）に加盟しないから、実態 real figure は闇の中 in the darkness である。

このシロウトが加盟する FC ビジネスには、実に様々な落とし穴 traps が仕掛けられている。商材のピンハネ rake-off から契約更新時の改修費 repair cost、脱退時の違約金 penalty charge や撤収費なども加盟してみなければわからない。本部の指導 guide があるから、誰でも成功できるとカン違いする。それは市場経済 market economy のもとで「契約の自由」がベースになり巧妙に仕組まれているのだ。いわば玉石混淆の本部 headquarters が乱立する“無法地帯” lawless town と化しているのだが、世間知らずな脱サラ起業家 naive entrepreneurs は、なにも知らずに底なし沼 bottomless swamp に引き込まれていくのである。

実際、普通のサラリーマンは、起業 start-up するなら、まず最初にフランチャイズを考えると思われる。そこで、この章と次章で、フランチャイズの問題点を徹底的 thoroughly に分析しよう。本章では主に総論を、そして次章では、ハメられた人間たちの怨嗟《えんさ》の声を中心に、各論を見ていくことにする。

まずはFCについて、きっちりと仕組みschemeを理解する必要がある。

FCとは、本部（フランチャイザー）franchisorがビジネスモデル（新業態、経営ノウハウ、ブランド、商品・サービス）を開発し、それを加盟店（フランチャイジー）franchiseeに供与してチェーン展開するビジネス形態だ。本部は、加盟店とFC契約を結び、事業の立ち上げから経営指導まで面倒をみる。その際、加盟店は本部に加盟金を払い、開業費用を負担し、毎月、一定のロイヤルティーroyaltyを支払う義務を負う。コンビニや外食チェーンがFCの標準タイプと考えていい。

フランチャイズを英和辞書で引けば、「特権」を筆頭に、「参政権」「選挙権」「公民権」「市民権」といった大仰な言葉impressive wordsが並ぶ。また「人気選手」「実力選手」といった訳もあり、イメージとしては非常にいい言葉だ。

しかしながら、実態はどの業種のFCビジネスも、加盟店に対して本部が非常に優位に立ち、強い支配権governanceを持つ仕組みで成り立っている。本部は新しくビジネスを開発developし、商品（サービス）の供給責任supplier's responsibilityを負い、市場展開のリ

《2003年度・外食業界トップランキング》

1位	日本マクドナルド
2位	すかいらーく
3位	ほっかほっか亭
4位	日清医療食品
5位	モンテローザ
6位	ミスタードーナツ
7位	日本ケンタッキーフライドチキン
8位	ロイヤル
9位	本家かまどや
10位	モスフードサービス

（2004年4月 日経調べ）

スクを抱えているため当然ともいえる。

だが逆に言えば、本部だけは間違いなく儲かるのがフランチャイズビジネスの本質 nitty-gritty だ、ということだ。

しかも、本部の儲けのカラクリは凄い unscrupulous。二重、三重、四重、五重と加盟店から何種類もの利益 profit を吸い上げる仕組み structure を作っているからだ。そして1度契約を結んだが最後、あとは本部に干からびるまで吸い尽くされて終わりである。

参考までに書いておくと、中小企業庁 Small and Medium Enterprise Agency が発行する「フランチャイズ契約はよく理解して！」というパンフレットでは、契約前に、

(1) チェーン本部の概要（株主、子会社、財務状況、店舗数の推移、訴訟件数等）

(2) 加盟者に特別な義務を課すさまざまな条件

をチェックすべきだとしている。(2)は具体的には、

○テリトリー権の有無

○競業避止義務、守秘義務の有無

○加盟金、ロイヤルティーの計算方法など金銭に関すること

○商品、原材料などの取引条件に関すること

○契約期間、更新条件、契約解除等に関すること

など合計22項目である。逆に言えば、こうした基本契約 basic contract さえ、多くの人間がチェックしていないということだ。そんな甘ちゃん jerk だから騙されるのだが、とにかく FC ビジネスでは、「契約」がすべてだということは、繰り返し強調しておく（なお、この契約時のチェック事項に関して、詳細を巻末資料に転載してあるので、ぜひ参考にしてほしい）。

加盟店は「カネのなる木」

大手外食チェーン本部の元常務取締役は、「本部はロイヤルティー以外に食材、包装材、内装工事、什器備品、開業融資、衛生検査費などあらゆるところに利権の網を張りめぐらせて、カネを吸い上げている」と自らの体験 experience を告白する。

要するに加盟店 affiliated store は、本部 headquarters にとって“カネのなる木” money tree だというのだ。上場企業 listed company で組織 organization や運営ノウハウ management control が完璧な FC 本部ほど、その利益の収奪構造は複雑かつ巧妙 complexity and tricky に仕組まれている。

「外食の本部といっても大したノウハウがあるワケじゃないんです。私が勤めていたのは一部上場企業でしたが、“FC はピンハネだ”というのが、社長の口癖でしたからねぇ。加盟店より株主の方をみて、いかに利益を上げるかを最優先しているんです。それで本部はいろいろ理由をつけて下請け業者（＝加盟店）からピンハネするワケですよ。月商 1000 万円の店なら、月 80 万から 100 万ほど、見えないところで吸い上げているんです。これが年間では 900 万から 1100 万、1200 万円ほどあるでしょうね。

1000 店の FC 店を持っていたら 100 億円以上ですからねえ。これは黙っていても入ってくるカネ。本部は儲かってしょうがない。それで関西の大手弁当会社なんか、数億円かけ関西空港のヨコに 1000 坪の精米工場を建てたんです。その借金を 2 年半で返し終え、いまは無借金経営ですよ。だからどう転んでも本部は儲かる仕組み

《大手 FC 本部の業種別利益率の比較》

社名・業種	売上高対経常利益率（%）	売上高対純益率（%）
〈コンビニ〉		
セブン - イレブン	35.9	19.6
ローソン	14.9	7.6
ファミリーマート	13.2	6.0
サークル K サンクス	11.6	4.5
〈ファミリーレストラン〉		
すかいらーく	4.9	1.3
〈ほっかほっか亭〉		
プレナス	12.6	6.3
ハークスレイ	12.1	6.4
〈ファーストフード〉		
マクドナルド	2.6	1.3
ケンタッキー	3.6	1.5
モスフード（モスバーガー）	4.3	1.9
〈カレー店〉		
壱番屋	8.3	4.7
〈居酒屋〉		
大庄（庄や）	5.3	1.2
〈カフェ〉		
ドトールコーヒー	7.9	1.2
〈学習塾〉		
明光ネットワーク（明光義塾）	25.7	14.2
〈レンタルビデオ〉		
CCC（TSUTAYA）	3.7	1.7
〈古本〉		
ブックオフ	5.7	2.6
〈中古車〉		
ガリバー	6.3	3.3
〈カー用品〉		
オートバックス	4.6	2.4
〈クリーニング〉		
白洋舎	1.4	0.9

（出典：有価証券報告書、決算数値は 2004 年の連結決算を採用）

きわめて利益率の高いセブン - イレブンと明光義塾。その高さはちょっと異常だ。

になっているんです。私はその実態をよく知っているので、あえて“吸血鬼商法”と呼んでいるんですよ。加盟店に手《て》枷《かせ》足《あし》枷《かせ》をはめて最後の血の1滴までしぼり取るワケですから」

ここで大手FCチェーン本部の2004年の業種別利益率をハジき出してみた。これを見ても、本部がいかに儲けているかがわかるだろう。セブン-イレブンの利益は931億円、ローソンは186億円だ。「ほっかほっか亭」のプレナスは売上1168億円に対して利益が74億円、学習塾の「明光義塾」は売上93億円で利益が13億円である。利益水準のケタが違う。

あのトヨタ自動車だって売上高経常利益率は7～8%ほどである。製造業で10%の利益率を稼ぐのは並大抵じゃない。それがFCチェーンでは利益率10%以上の本部がゴロゴロしているのだ。コンビニ、弁当、学習塾の突出ぶりが目立っている。その中でもセブン-イレブン（10617店）と明光義塾（1165教室）の利益率はちょっと異様とさえ思えてくる。

その契約書をもう1度見ろ

FCの場合、本部と加盟店が結ぶ契約が問題になる。この契約書は、ハッキリ言うがあまりにも本部に都合よく overwhelming advantage 作られている。

だが、加盟店といえども独立した事業者 independent enterprise、企業だ。それが契約でがんじがらめにされ、実際はオーナーの経営権 management authority などほとんど認められていない。自分の店でありながら厳しい「ワク」constraint をハメられ、売りたい商品1つ売れないのだ。

また加盟店は大半が個人経営 private operation。そのため発言力も組織力も資金力もなく、自己主張 self-assertiveness を完全に封じられている。つまり、いったん契約すると、本部に従属 depend せざるを得ない状況に置かれるのである。さらに、秘密保持契約 confidentiality agreement を結んでおり、加盟店脱退後も自由に発言することが禁じられている。これで秘密が外に漏れることがなく、裁判 lawsuit でも起こさない限り、泣き寝入りするしかない。ここに FC ビジネスの問題点が潜んでいる。

もちろん、すべての FC 本部がそうだ、と断定しているわけではない。加盟店と共存共栄 prosperous coexistence をめざす本部も多く、FC に参加し繁盛している店も数多く存在する。しかし、多額の投資 investment をして加盟店になったものの売上 sales が立たず、本部と裁判沙汰になったり、店じまいするケースが跡を絶たない。それはなぜか？

メガ・フランチャイジー（数十店を経営する大手加盟店）の社長は、匿名 anonymous を条件にコンビニ FC のカラクリを、

「加盟店は本部の出店リスクを肩代わりする“カケ捨て保険”のようなものだ」

と打ち明ける。

つまり、加盟店オーナーは開業資金 funds for start-up を出し、経営責任 management responsibility を負わされ、そのうえ本部のリスクをおっ被されているというワケである。

本部にとって、年間数百店のスクラップ・アンド・ビルド scrap and build（S ＆ B ＝閉店・倒産）は折り込み済み built-in なのだ。「企

《大手コンビニの 2005 年の新規出店と閉鎖店の状況（計画）》

店名	新規出店数	閉鎖店数
セブン - イレブン	950	300
ローソン	690	430
ファミリーマート	600	300
サークル K サンクス	400	223
ミニストップ	116	82
スリーエフ	32	25

（出典：有価証券報告書）

業は永遠」の原則からいうと、契約期間 contract term の 5 年、10 年でお払い箱になる get the boot のでは、おっかなくて仕方がない。

「昔、セブン - イレブンの鈴木敏文社長（当時）に店は何店まで持たせてくれますか、と聞いたことがあるんです。そうしたら“6 店までだ”とハッキリいわれましたよ。それじゃあ、事業としてつまらない。夢がない。若い人なんかが取り組む魅力はないですよね。ヤル気のある人なら 50 店、100 店と増やし大きくしたいじゃないですか。それが、最初から 6 店以上ダメというのは、本部は加盟店に発展してもらっちゃ困るんですよ。生かさず殺さずが一番都合いいんです。加盟店が大きくなると、統制がきかなくなると思ってる。反乱されたら大変だと」

けっして FC で大儲けはできない

ここで FC ビジネスの問題点について、以前、私が『ニュービジネス』誌で行った中島章智弁護士とのインタビューを紹介しよう。まず、フランチャイズの法律上の落とし穴は何か、起業バカが引っかかるワナ booby trap とは何かを押さえておきたいからだ。

——FC の法律相談で最近はどんな内容が多いんですか。

「加盟店になったけど当初の話より条件が厳しいとか、本部の事業計画どおり売上が上がらない、といった契約がらみの相談が多いですね。それと脱退したいが高額の違約金をとられるとか、権利金を返してくれないなどの金銭トラブルです」

——本部と加盟店のどっちに問題があるのですか。

「一番の問題は、いままでサラリーマンをやっていたのが、いきなり事業を始めることなんです。給料をもらう側と事業主になるのとは、天と地ほどの違いがあるんですよ。それが安易に FC に乗っかるケースが多いんですよ。業界の知識もノウハウもないのに、FC で大儲けできると思い込んでいるんです。そもそも FC は契約の時点から本部が優位に立っているんですよ。加盟契約が本部に有利に作られているんです。もちろん、一部には甘い収益見通しを立てて、加盟金だけを狙った悪質なケースもありますが、実際はシロウトがいきなりプロの経営者になろうとするところに、落とし穴があるんですよ」

——本部の甘い話に乗せられたケースも多いですよね。

「FC 本部の営業は調子のいいことを話しますからねぇ。加盟店の事例もうまくいっている店を見せるんです。肝心なところは口頭の話で済ませて、はっきりした資料をわたさないなんてことをやったりしますからね。ここがポイントになると思ったら、必ずペーパーに書いてもらったり、書類を取っておくなどの対策が必要でしょうね」

――FCは契約が基本ですよね。しかし、素人の人が契約書をじっくり読んで理解するのはかなりシンドイと思うんですよ。

「シンドイけど読まざるを得ないですよ。会社を辞めて人生をかけて、何百万、何千万も投資して事業をやるわけですから。ほんとは弁護士に見てもらった方がいいんですよ。それで契約書に問題点を見つけたら直してくれと交渉するのも１つの手ですね。まあ、本部が直すことはありえないでしょうが、それだったら辞めるという選択もあるわけですからね」

――いったん契約すると絶対的なものなんですか。

「基本的にそうですね。「契約自由の原則」というのがあって、市場経済の下ではどんな契約も自由なんですよ。本部、加盟店とも独立した人格ですから、いったんハンコを捺したら契約が絶対なんですよ。それで口頭での説明と契約内容が違っていた場合、よほど違っていたら争う余地があります。ただ、口頭では言った言わないの水掛け論になります。確認事項を文書にしていれば別ですが。それとは別に独禁法の関係で、「優越的地位の濫用」で争うことができます。独禁法では不公平な取引を禁止していますので、ムリヤリ契約させられたのなら独禁法違反となるわけですよ」

――事業計画が大ハズレだった場合はどうなるんですか。

「事業計画の説明の仕方にもよるんですよ。来店客の見積もりの段階で、「これはあくまで目安ですよ」と本部側が説明したのか、「いや、来客数100人は堅いですよ」と言ったのかでも違ってくるんですよ。そこで難しいのは、収益の関係で100人の予定が50人しか入らず、利益が減るなら仕方がないけど、大赤字で半年で倒産した場合はどうか、ということなんですよ。しかし、それも実際に経営しているのは加盟店ですから、客が入らないのは加盟店の責任でもあるんです。ですから裁判では、標準的な経営をやっていたかどうかの争いになるんです。ただ、裁判所がこれは違法だと認めるのは、相当極端なケースだと覚悟しておくことが大事でしょうね」

――FCでは契約で商売のやり方が細かく縛られています。契約期間は何年が適当だと考えていますか。

「いまの時代、どんなに長くても5年でしょうね。FCに限らず、事業提携でも5年がメドと考えていた方がいいでしょう。経済変動の激しいいま、10年、15年と契約で縛るなんて長すぎますよ。この十数年の動きをみても、バブルが起こってハジけて経済環境がガラッと変わりましたからね。契約したときとの前提条件や環境がどんどん変わっていきますので、契約時にそのへんをよく考えた方がいいでしょうね」

――FC特有のロイヤルティーの限度額はあるのですか。

「ロイヤルティーを支払う側は、高すぎると感じるんでしょうが、法律上は、「売上の何%だから多い」などとは断定できません。それで無効になることもありません。企業同士の取引ですから自由契約に任せられているんですよ。利益の50%もとられたら問題ですが、いったん契約したら守るしかないですね」

――違約金の上限もないんですか。

「それもありませんね。売上高1億円のところ、1億円の違約金をとられたら「公序良俗違反」となるでしょうが、まず一般的には違法性を争うのは難しいでしょうね」

―― FC加盟で気をつけなければならないのはどんな点ですか。

「やっぱり、契約書をまともに読むことでしょうね。意外と契約書を読んでいない人が多いんですよ。そして疑問をもったら契約しないことです。ビジネスは自己責任ですから、いったん契約したらどうにもならないんですよ。それと自分の足を使って事業計画を確かめることです。本部任せにしない。また交渉の際には、なんらかの文書をもらっておいた方がいいですよ。後で証拠になりますから。そんな文書はない、といわれたら最初から信憑性のない商売だ、と判断するのが賢明でしょうね」

(『ビジネスチャンス』2001年7月号)

このインタビューでもわかるように、FCビジネスでは、「いったん契約書にハンコを捺したら加盟店に勝ち目はない」と考えた方がいい。ビジネスの世界では、なによりも契約が優先 prevail される。FCはその契約を逆手にとったビジネスの典型 typical case だと言っていいだろう。

参考までに、サービス型フランチャイズの加盟金、契約期間などを分析したデータを、次ページに掲載しておこう。なお、サー

《サービス型フランチャイズ40社の契約内容》

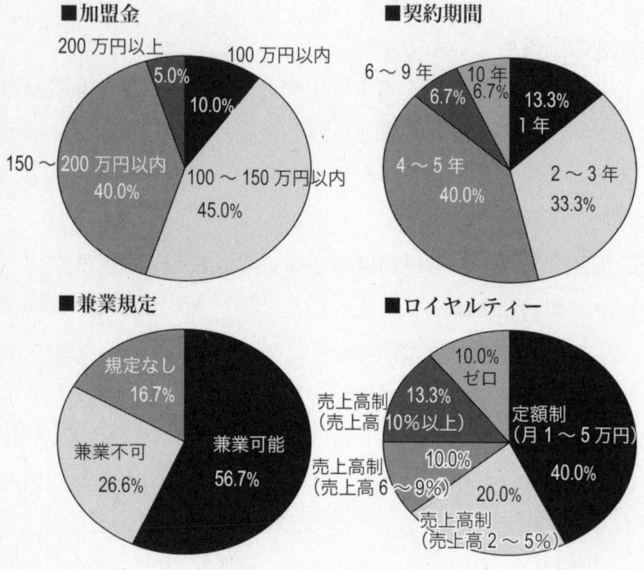

ビス型フランチャイズとは、小売・飲食以外で、学習塾、靴修理、DPE、介護、リフォーム、育児、理容・美容など、役務サービスが中心のビジネスのことを指す。

「親に逆らうのか」と本部は加盟店潰しを仕掛けてきた

しつこく繰り返すが、フランチャイズ franchise system では契約がすべてだ（Agreement comes before anything else.）。加盟店は大きくならないように“制限” strict limits が加えられているのが現実である。だが、この制限を不満 unsatisfied に思った加盟店が、本部を相手に反乱 revolt（裁判 lawsuit）を起こしたことがある。

2000年、清掃用品レンタル最大手のダスキン（大阪・吹田市、加盟店約1600）に対し、ダスキンのメガ・フランチャイジーで上場企業のダイオーズ（東京・港区）が、取引条件 business terms の改善 improvement を求めて反旗をひるがえしたのだ。業界で「ダイオーズ事件」と呼ばれたこの騒動は、加盟店の「商売の自由」を訴えたものでもあった。

ここでダイオーズについて触れておこう。1969年、米屋 rice dealer を営んでいた大久保真一社長は、ダスキンの首都圏地域 metropolitan area の加盟店になり、急成長 rapid growth を遂げてきた。1975年には全国のダスキン加盟店の中で1位の売上を記録した hit the record。

事業意欲が旺盛な大久保社長は、アメリカ視察でオフィスコーヒーサービスやトナーカートリッジのリサイクル事業を思いつき、1977年、業務を一気に拡大する。日本初のオフィス向けコーヒーサービスは1980年まで競合会社 rival も出てこず、大成功を収めた。1996年には、株式の店頭公開 initial public offering を果たしてもいる。

事件当時（2000年）の売上高は117億円、経常利益6億円を達成する優良企業 excellent company である。ダスキンの中では1600の加盟店中、全国で第2位、売上高も42億円を上げていた。ダイオーズは誰が見てもダスキン加盟店の“勝ち組” winners だった。

だが、大久保社長は本部に反旗をひるがえし、裁判の末、最後は脱退 get out of していった。ことの発端 beginning は商材の卸値 wholesale price の引き下げ要求だった。本部から仕入れる値段 cost が高く加盟店の収益 profit が圧迫され、経営 managing condition が苦しくなっていたのである。この種の不満や苦情 complaint はどんな FC でも抱えている業界特有の問題である。

ここで私が経営雑誌で行ったダイオーズ事件直後の大久保真一社長とのインタビューを紹介しよう。

——FC ビジネスの問題点は何だと思いますか。

「FC の仕組みはフランチャイザー（本部）が大金をかけて作ったものですよね。それに加盟するのは大半が個人の脱サラ希望者です。だから契約に際しては、フランチャイジー（加盟店）は立場も弱く、ほとんど本部のいいなりにハンコを捺すしかないんですよ。私の場合もそうでした。当然、契約内容はフランチャイザー側に都合のいいようにできています」

「それに、これまでは本部のトップダウンで、いいなりになっていても加盟店の成功確率も高かった。しかし、もはやそういう時代じゃない。業態間の競争も激しく、FC を取り巻く環境が激変しているんですよ」

——本部と加盟店の関係を見直す時期にきているワケですね。

「コンビニなどもそうでしょうが、オーナーが第一線に立ってお客さんとジカに触れ合っていると、いろいろな事業に挑戦したくなるんですよ。しかし、それは“兼業禁止”の契約違反なんです。現場のほうに商売のアイデアがある。でもそれを吸い上げる仕組みが本部にできていない。それでつい起業家精神が旺盛なオーナーは、新しい事業やヨソと違ったやり方を始めるわけです。それが本部のワク内ならいいんですが、いったん、ワクをはみ出すと“勝手なことやるな”“イメージを汚す”となるんです」

——そんなとき話し合いで解決できないんですか。

「もちろん、内容によります。当社のケースでは、ダスキン本部がやってない事業を始めたことが問題になったんですよ。つまり、オフィス向けコーヒーサービスと再生トナー事業ですね。それが本部にとってはおもしろくない。そのうえ、この事業が成功したんで他のダスキンの加盟店さんもやりたいと言ってきたんです。それがもっとおもしろくない」

「ただ、冷静に第三者の立場からみれば、まったく本部の領域を侵してるワケではないんですよね。ダスキンの本業であるダスト・コントロール関連じゃないんですから。しかし、加盟店の突出した動きは許せないとなるんですよ。“親に逆らった”と映るワケです」

——その後今度は、ダスキンがコーヒーサービス事業を始めるわけですね。

「そうです。当社には（脱退時に）“新事業でダスキンの加盟店にはいっさい手をつけない”という誓約書を取っておきながら、今度は自分たちでコーヒーやトナーの事業を始めたんですよ。まったくおかしな話です。ダスキンを脱退したのも、そのことが大きかったですね」

——オーナー会も正常に機能してなかったようですね。

「ダスキンのオーナー会の実態は、本部の“ご用聞き”の会ですよ。オーナー会の会長はダスキンの社長ですから。会の役員もダスキン本社が指名するんです。これでは、本部が加盟店をコントロールするための機関で、加盟店側の意見や提案を吸い上げてなにかを改善することなどできませんよ」

「ただ、オーナー会があるだけまだましで、コンビニなんか絶対にオーナー会を認めていませんよね。団結されたら困るから、加盟店のオーナーの名簿すら公表しないといいますから」

――FC の法制化の動きもあるようですが。

「法律の制定には時間がかかりすぎてすぐには役に立たないでしょうね。現状では大手加盟店といっても本部に対抗できるところは少ないでしょう。だから問題が起こっても“泣き寝入り”するしかないんですよ。当社が裁判できちんと主張できたのも、年商 120 億円のうちダスキン部門は 30%で、他に収益部門を持っていたからなんです」

(『ビジネスデータ』2001 年 10 月号)

ダイオーズ事件では、脱退の際の顧客名簿 mailing list の提出が問題となった。ダイオーズが「顧客名簿は重要な資産だ」として提出を拒否 refuse したからだ。このためダスキンは、オートバイ部隊を編成し、ダイオーズの営業車両を追跡 chase して顧客 customers の洗い出しを行った。また、全国から 200 名の精鋭営業マンを首都圏に集め、ダイオーズの顧客を獲得すれば報奨金 bonus を出すなど泥仕合 mud-flinging となった。

結局、この問題は裁判に持ち込まれ、ダイオーズが 8 万件の顧客名簿をダスキンに渡すことで決着した。契約書で解約時の名簿提出が義務づけられていたから、この点はダスキンに分があった。

このダイオーズ問題は、加盟店の反乱 rebellion という単純なものではない。インタビューでも大久保社長がハッキリ答えているように、ダスキンとダイオーズの新事業 new business をめぐっての闘い battle なのである。その本質は FC ビジネスにとって経営とはなにか、加盟店オーナーの経営権 management authority とはなにか、もっというと、起業 start up a business とはなにか、という問題を提起しているのである。

それでは 18 兆円という巨大フランチャイズ産業で、いま、なにが起こっているのか。脱サラ起業家たちはどんなワナにハマっているのか、その具体例 tangible example をあげて、さらに検証してみよう。

Chapter 5
第5章

フランチャイズは底なし沼
Franchise is an Endless Struggle

本部のズサンな売上予測に乗せられて4年半で閉店

20年前、脱サラ corporate dropout の憧れのマトだったコンビニオーナー。たしかに当時は市場余地があって、店舗数も右肩上がりだった。

流通革命 distribution revolution のトップランナー forerunner を走ってきたコンビニ業界でも、いま、詐欺 fraud まがい商法に引っかかって失敗した加盟店オーナーが続出している。

これは店舗拡張 expansion of franchisee に突っ走るコンビニ本部のズサンな売上予測 sales prospect と、その甘い言葉 sweet-talk に乗せられた脱サラオーナーたちの判断 decision の甘さが背景にある。脱サラ起業家は、なぜ、失敗したのか？　その原因 cause を、コンビニ以外の FC もあわせ、実例に即して検証するのが本章である。

【実例14】コンビニ
→敗因●本部の契約の縛りが強すぎた

脱サラ4年半で横浜のコンビニ店を閉鎖 closure に追い込まれたのは、脱サラ組の村芳久博（仮名）だ。本部の売上の予測 sales prospect が大幅に外れ、4年経っても売上アップのメドが立たなくなったのだ。あまりに厳しいフランチャイズ契約で、再建 management reconstruction の見通しも立てられない。それで、3000万円ほどの損害 loss を出し、2003年6月に閉店した。

村芳は大学を出て、一部上場企業で24年間システムエンジニア（SE）を務めた。その後、苛酷な SE 生活に疲れて横浜のコンピュータ専門学校の教師に転職、10年勤めた後の脱サラだった。村芳はその動機をこう語った。

「新聞を読むと住民票発行サービスや酒・クスリの販売なども解禁され、コンビニは前途有望だと判断したんですよ。人に使われるのはもうイヤでしたからねぇ。人生の最後は経営する立場になりたいと思ったんです」

サラリーマン一筋でやってきたので、SE の経験を活かした脱サラ becoming self-employed には自信 confidence がない。リスクが大きい risky と思った。その点コンビニは本部が店舗を見つけてくれて、運営マニュアルもしっかりしており、堅実な経営 secure management ができると考えたのだ。

村芳が選んだのはコンビニ中堅チェーンだ。セブン - イレブンなど大手本部も検討 consider したが、年齢制限に引っかかった。それで募集条件 condition がゆるやかだった A 社に絞った。それが誤算

miscalculation の第 1 歩だった。募集のハードルが低い分、店舗開拓力、調査力、商品力が弱かったのだ。

石橋をタタいて渡るほどの村芳に、コンビニは第 2 の人生を託せる堅実なビジネス solid business と映っていた。本部は一部上場企業、店舗は全国にあり、ブランド名は誰でも知っている。まさかそんな会社が、詐欺まがいの手口 scam-like method で加盟店を集めていたとは思わなかった。この勝手な思い込みが失敗のもとだった。

最大の見込み違いは立地選定 site selection だ。コンビニの成功は立地 location にすべてがかかっている。当初、東急線沿いに有望な物件が見つかり、交渉 negotiation を進めていた。だが、その第 1 候補を後から乗り込んできたローソンに奪われてしまった。A 社の力では物件 real-estate property を押さえることができなかったのである。

仕方なく第 2 候補の新横浜駅裏の物件に賭けた。しかし、そこには一抹の不安 concern があった。商圏人口 trade-area population が少ないのである。丘の上に住宅地 residential area が控えていたが、家も会社もまばらで空き地もあり、人通りも少ない with less people. それでも本部は売上予測を日販 49 万 2000 円と出してきた。A 社の平均日販が 45 万円。それを上回る数字が出てきたのだ。村芳は、この売上予測にコロッとダマ cheating されてしまった。

「この 49 万 2000 円という数字は、市場調査をした結果だというんです。2000 円と端数までついていたので、それなりの計算式で出したんだと思ったんですよ。ただ、電話で言うだけで資料もないので、そのとき、アレッと思ったんですが、お互い友好的に話しあっていたので、それ以上追及できるような状況じゃなかったんですよ。開発担当者も私より年上で温厚な人で、一生懸命やってくれましたし。私もオープンしたかったし……。

相手は一部上場の会社でしたからねぇ。私も一部上場の会社にいたので、“一部上場”という言葉に絶対的な信頼をもっていました。開発要員だって元銀行マンで、人をダマすような人間とは思えなかったんですよ、当時。それがまったくトンデモナイ……」

出店交渉の微妙なカケヒキ maneuvering の舞台裏を村芳はこう説明する。本部との力関係上、「こちらが強く出ると、まとまるものもまとまらない」と遠慮 hesitate したのだ。だが、このツメの甘さが命取り deadly wound になった。

コンビニの出店は本部にオンブに抱っこ。シロウトオーナーには出店調査のノウハウもデータもない。常に本部のペースで話が進む。そんなとき、どれだけ納得 fully understand するまで条件と数字をツメられるか、このカケヒキが勝負の分かれ目 difference between success and failure でもある。

ここで、なぜ、契約書に簡単にハンコを捺したのか、という疑問が湧いてくる。実は身近にジックリ相談 consult する相手がいなかったのだ。それでつい１人で悩み考え込んでしまった。脱サラオーナーの失敗は、誰にも相談できず、１人で決断するケースに実に多いのである。

契約意識の薄い日本人は、事前に弁護士 lawyer に相談する人など少ないだろう。村芳もそうだった。トラブって初めて弁護士に駆け込む、というのが実態ではなかろうか。「弁護士に見せろ」というのは、後知恵 afterwit というものだが、その甘さに落とし穴があったのだ。

それにしても3000万円を投資するには、あまりにズサン sloppyだ。市場調査 market research の資料も出さない。重要な売上予測を電話だけで伝える。収益シミュレーションもない。リスク開示 risk analysis もしなかったという。この本部のやり口は、肝心なところで証拠 evidence を残さない「口約束の投資詐欺」と見られても仕方ないだろう。

バラ色の将来ビジョンを盲信して

村芳は実際のところ、どこにでもいるサラリーマンの1人だ。いわば中高年脱サラの平均的パターン typical pattern をたどっている。そこで、以下、村芳とのインタビューをそのまま掲載しよう。

私が変にまとめるより、ナマの声の方が、その当時の様子 situation を明確に映し出していると思えるからだ。

「石橋をタタいて渡るほど慎重」と自己分析 self-analysis する彼が、なぜ、安易にフランチャイズ契約を結んだのか。なぜ、本部のズサンな売上予測を見破れなかったのか？　どこに判断ミス error in judgment があったのか？

そこに脱サラ起業家が犯す見込み違いのすべてが集約 summarize されている。これまで触れた部分と重なる点も多いが、あえて長々と掲載してみる。

――なぜ、脱サラしたんですか。

「脱サラしたとき57歳だったんですが、定年直前になって堅実な事業で第2の人生を切り開きたかったんですよ。上司には泣いて引き留められましたが、長年、サラリーマンで人に使われる身だったので、コンビニを2、3店経営して会社組織にしたい。人生の最後は経営する立場になりたいと思ったんです」

――コンビニをやることについて家族の反応はどうでしたか。

「私がコンビニと決めていたので女房はイヤイヤ賛成ですね。姉は猛反対しましたね、大変だと知っていたんでしょう」

――A社の対応はどうでしたか。

「私が2、3店経営したいといったら“どんどんやってください”といろいろ将来ビジョンを語ってくれましたよ。バラ色のような話を。開発担当者は誠心誠意やってくれました。部長クラスの人にも会ったんですが、この人が非常に温厚で人間味があり、“この会社なら大丈夫だ”と思ったんですよ。それで信頼に足る会社だと判断したんです。開発担当者は年齢も58歳で落ち着いていて、元銀行マンでとても詐欺をやる人には見えなかったですね。会った人がきつい人だったら警戒していたでしょうが……。

（当初の候補だった店は）東急沿線で非常にいいところでした。そこを私にやらせてくれる約束で話が進んできたんです。でもそこを後からやってきたローソンに奪われたんですよ。いまはかなり売上がいっている。A社は立地を判断する力がないんです。判断しても決断する力がない。いいところを確保するより、まず開店数を増やすことを優先しているという事情が後でわかってきました」

――いまの店は本部が見つけてきたんですね。

「そうですね」

――商圏を見てどう感じましたか。ちょっとムリじゃないかと思わなかったんですか。

「駅から離れているし、人口も少なくなんとなくそんな感じがしたというか。心の底から100%喜んだ感じではなかったですね」

――ライバル店はあったんですか。

「当時はなかったですね。最終的にセブン - イレブンが駅前に開店して強力なライバルになりました。そこは区画整理地区で新店が出せなかったんです。ところが、途中で撤廃され、私はそこを狙っていたので出したいと言ったんですが、受けてもらえなかったんです。結局、そこもセブンに奪われたんですよ」

――本部で市場調査をやったわけでしょう。収益シミュレーションなどもらったんですか。

「調査はやったということですが、その結果はぜんぜんもらってません。売上予測値は出てきました。日販で49万2000円と、口頭で、それも電話で……。私はコピーでいただきたい、と言ったんですが、"それはあげるわけにはいかない" と。そのときは友好的に話し合っていましたからね。強く言えなかったんですよ」

――本部の対応としてはちょっと信じられないですね。

「相手は一部上場の会社でしたからねえ。私も一部上場にいたので"一部上場" に絶対的な信頼を持っていたんですよ。それがすべて口頭で済ませてしまう。いま思うとぜんぶ録音しとけばよかった。当時はそういうことはねぇ、お互い信頼にもとづいて話し合っているわけですから。そんな一部上場企業に悪い会社があるとは、夢にも思いませんでしたからねぇ」

――どのくらい投資しましたか。

「3000万円です。自己資金1700万円、後は親戚と国民公庫からの借り入れです」

―― 3000万円の使い道は？

「これは公にできないんですよ、守秘義務があって。ずっと公にできないんです、契約内容も……」

――契約書にはその日のうちにハンコを捺したのですか。

「いや、多少余裕があったので持って帰って読みました。昔は持って帰れなかったようです。でも、厳しいことが書いてあるなあ、と感じた程度ですよ。いざ、契約となると、FCってこんなものか、という判断しかなかったですねぇ。どこでもこんな厳しいものだろう、という程度で終わっちゃった」

――第三者に見てもらわなかったのですか。

「そんな手づるもなかったし、弁護士にかかると1時間5000円と高いじゃないですか。考えてもみなかったですねえ」

――弁護士の意見では3000万円も投資するのだから、1度見て

もらった方がいいと言ってますが。みなさん独断でハンコを捺しますよね、それは非常に危険だと。

「開発担当者に“すごい契約ですね”といったら“いやぁ、申し訳ありません”と謝ってましたね。彼らも知ってるんですよ。アレは奴隷制度のような契約書ですからね。でもまだその時点では友好的関係だったんですよ。こんなひどい状態になるとわかっていれば録音ぐらいしていたでしょうが。そういう考えもなかったですね、まったく信頼しきっていました。ダマされる人はみんなそうでしょう」

——契約するまでは何の疑問もなかったと。

「第一、悪いという前提がなかったですからね。それよりも前途はバラ色というか、バラ色じゃなくても、どうにかこうにか最悪の場合でも食べていける、という判断ぐらいですよね。私は非常に慎重な石橋を叩いて渡る人間ですが、それでもダマされましたからね」

——ヨソのコンビニの情報は取らなかったんですか。そのころはコンビニ訴訟が騒がれた時期だったんですが。

「まったく知りませんでした。ですけど裁判事例があるよ、ひどい状態だよっと、チラッとは聞きました。ウチの姉などは猛反対しましたね。ですが相手が一部上場企業で大企業だし信頼しきっていたんですよ」

——契約書についてどう思いますか。

「われわれが読んで簡単に理解できるものではないでしょうね。契約書はどんなことがあっても、本部が勝てるような内容になってるんです。いままで不利なケースが出るとそのたび改訂して、最終的に裁判で勝てる内容に仕上げているんですよ」

――売上を上げるためどんなことをしたのですか。

「これじゃいけない、と思って何度も改善提案を出しました。でも、すべて却下されました。契約書で縛られて、なにもできないんですよ。これじゃ経営者じゃない、と思いましたよ。名ばかりのオーナーだ、経営者だと」

――どんな提案だったんですか。

「まず、場所を代えたい、といいました。立地が悪かったですからねぇ。飲食物を出すファストフードコーナーもやめたい、ともいいました。売上の１割しかないのに、労働は半分近くかかるんですよ。それに不良の溜まり場になって、月３回ほど警察を呼んでいたんです。あと新商品とか、弁当もコンビニ弁当は味が濃いので減塩弁当などを提案したんですよ。本部は“そんなことできません”と、なにを言ってもダメなんですね」

――商品を仕入れる権利はあるんですか。

「契約上、あることになってますが、現実にはないですね。店を巡回するスーパーバイザーが、本部が開発した新商品を入れなさい、と言ってくるんです。それを断ることはできても、断ると“本部の指導に従わない”と注意される。そして“従わないから売れないんだ”となるワケです。本部の指導は絶対的なものなんですよね」

——それじゃあ、経営努力の余地はないですね。

「契約の範囲内ではなにもできませんよね。A社では店の案内のための紙1枚貼ってはいけないんですよ。本部の言うことを守って努力するのが、売上を上げる唯一の道だ、という主張なんですよ。小売業ですから、私たちも地域に合った品揃えや店づくりを考えるじゃないですか。なかには契約を無視して商品を入れてるオーナーさんもいるんです。でも私は、マジメ人間だから契約に忠実だったんです。そして最後に経営責任をとらされたワケですよ」

コンビニは大企業が個人を食い物にするビジネス

閉店から1年半が経っているのに、村芳の体調は20分歩くとフラフラになるほど弱っている。私の取材 interview にも、最寄り駅まで歩いてくるのがやっとだと話した。まだ、閉店ショックから立ち直っていないのだ。それはそうだろう、全財産 entire fortune をなくし、妻との関係もギクシャクし、今後なにを支えに生きていったらいいかわからないのだから。

村芳は、私の4時間近くのインタビュー取材に応じながら、途中で何度も気力 guts をふり絞り、「これは日本の企業の黒い部分ですよ」と言った。

「この前、テレビ東京でセブン - イレブンを特集していたけど、アレはコンビニの光の部分なんです」

「オーナーはおとなしい人が多い。われわれが泣き寝入りしないでもっと叫ばなければ——」

と最後に吐き出すように訴えた。

村芳の証言 witness でもわかるように、コンビニ業界は大企業がシロウト（出資者・金ヅル）を喰いものにして発展 develop してきた、という側面 aspect がある。もちろん、成功したオーナーも出ている。しかし、それは本部の成功の規模とは比べようがない。毎年、大量に出る閉鎖店の数を見れば、“危険なビジネス”と言わざるを得ないだろう。

本来、閉鎖店を出すのは FC 本部の恥 shame だ。オーナーを奈落の底に突き落とし、道義的 morally にも許されない。また加盟希望者に閉鎖情報や失敗例なども開示 disclose する義務があるはずだろう。それが核心部分は裁判でも起こさなければ、守秘義務 confidential agreement のベールに包まれて世間に知られることもない。

本部への上納金は月 100 万円、オーナーの月給 8 万円

コンビニのオーナー契約は、大きく分けて 3 種類ある。一番多いのが、本部が店舗の内装費 cost of interior decorating すべてを持ち、オーナーは加盟金と保証金を負担するケース。いわば経営委託型で、オーナーの負担 burden は 300 ～ 500 万円で済む。2 番目は本部が場所を確保し、オーナー側が店舗・内装・什器備品すべてを持つ事業家タイプだ。もう 1 つは、土地や店舗もすべてオーナーが持つケースで、これは酒屋・八百屋などからの転業タイプである。

2 店、3 店と多店舗化の構想 vision を持っていた村芳は、2 番目の事業家タイプの契約をした。それだけリスクも大きく、投資総額は 3000 万円、本部に毎月売上の 30% を上納する契約だった。自

己資金 own fund は1700万円。残りは、親戚 relatives と国民生活金融公庫から借り入れた。

1999年2月にオープンしたが、スタート段階から悲惨 miserable だった。最盛期 peak でも日販35～37万円しかいかなかった。悪いことに横浜店は、小型スーパー並みの大型店だった。それで24時間営業 around-the-clock services すると、延べ20名以上のアルバイト社員 part timer を雇うことになり、人件費 labor cost に食われたのだ。

結局、4年間を平均すると村芳の月収 monthly income は8万円、アルバイトの半分にも満たなかった。夫婦あわせてアルバイト並みの16万円。それでも本部への上納金は、毎月100万円を超えていた。

加盟後はじめてわかったことだが、オーナーにはなんの権限 authority も与えられてなかった。一応、契約上オーナーは事業家 entrepreneur manager であって、経営の裁量権があることになっている。だが、それは名目上のことで、実態は契約とマニュアルでがんじがらめでなにもできない。

ここにはコンビニ業界の構造的な問題 structural problem がからんでいる。いまでも大半の本部が、ガリバーのセブン - イレブン（加盟約10617店）のモノマネ follow で生きているからだ。運営スタイルから新商品、弁当の値引きキャンペーンまですべてがそう。体力のない中堅本部は独自のスタイルが打ち出せず、つい加盟店にムリ強いする体質がある。

不合理 absurd なことはまだまだある。その1つに、通信衛星 communication satellite を使った POS システム（Point of Sales）がある。店の売上情報を収集し、いち早く売れ筋 hot-selling line をつかみ、仕入れや商品開発に役立てよう、というものだ。だが、そのデータが加盟店に届くのはなんと10日後なのである。昨日の売上が悪かったのは、弁当 box-lunch か、飲料 drinks か、雑誌 magazines か、雑貨 groceries かすぐわからなければ対策なんて打てない。店に代わって本部が一括管理 uniform management しているのはわかる。しかし、毎日、客に接しているのは店側だ。これじゃ繁盛店をつくるはずのデータが生かせない。

こんな情報システム１つとっても村芳には、「個店の利益など無視した本部の一方的な経営手法だ」と不満に思っていた。変化の激しいいまは、市場変化 change of market をどうつかみ、どう即応 adjust to a situation するかが、地域密着小売店 community-based retailer の生き残り survival のすべてだ。それが現実には許されないのだ。

だが、それでも失敗の全責任 whole responsibility を負わなければならない。本部との話し合いでも、最後の場面では、「オーナーさん、経営者でしょう。これはオーナーさんの責任ですよ。自分で考えなさい」と突き放してくる。手足をがんじがらめ bind hand and foot にして、契約を盾に経営責任だけおっかぶせてくるのだ。ここにフランチャイズビジネスの、イビツな問題点が集約 summarize されていると言えるだろう。

過度の疲労とストレスが原因で心療内科へ

村芳は、部長やマネージャーでは話にならないからと、最後に社長を呼んだ。村芳は社長との直談判 direct bargaining に望みをかけた。

会談では、「開業前の説明とあまりに話が違う」とコトの経緯（The facts are these.）を並べ立てて質した。それに対し社長は、「あなたは経営者でしょう。なぜ、そんな問題で私を呼ぶのか」と取りあってくれなかった。村芳がきつい調子で詰め寄ると、「私はいままで怒られたことがない。そんな態度をとるとあなたに不利ですよ」と脅し stick up にかかったという。この社長の一言で村芳の一縷《いちる》の望み his last hope が断たれた。

閉店の理由は、結局、体力が続かなくなったからだ。この4年半、1日4、5時間の睡眠しかとれず、2000年春、夜中に救急車 ambulance で病院に運ばれ、胆石 bilestone の手術で1カ月入院。過労 overwork だった。追い込まれて熟睡 deep sleep できず、絶望的なことばかり考え精神に変調をきたした。医者の診断では、血圧 blood pressure や血液検査 blood screening でも異常は見つからない。それで、心療内科 department of psychosomatic medicine にかかった。過度の疲労とストレスが原因だった。真っすぐ歩けなくなり、最後は赤信号も見分けられず、失禁までした。文字どおり、生きるか死ぬかに追い込まれて店を閉じたのだ。

本部は責任を感じたのか、さすがに途中解約の違約金 breakup fee は取らなかった。店舗も1500万円で買い取ってくれた。だが、その直営店 captive store も3カ月で閉めた。結局、誰がやってもうまくいかなかったのだ。

村芳のケースは決して特異 special なものではない。コンビニ大手5本部では、2005年も1335店の閉鎖店を予定しており、その大半が個人が資金を出したフランチャイズ店だ。加盟店が本部を訴えるコンビニ訴訟も頻発している。あげくの果てにオーナー夫婦は離婚 divorce したり、一家離散 family breakdown に追い込まれる。「コンビニオーナーには脳梗塞が多い」とのウワサ rumor まで流れている。鉄道自殺した人も出ている。

フランチャイズ契約では、情報開示 disclosure が基本である。本部は全財産つぎ込んだ村芳オーナーに情報 whole information を開示し、経営をサポートする義務 obligation を負っている。店舗を見つけた責任からも、リスクを開示し厳密な市場調査 market research を行い、収益シミュレーションを出す必要があった。その正確なデータにもとづき、参入か否かの検討 examination の機会を与えるべきだった。果たして今回は、その情報開示が十分だったのか。

コンビニ業界では、いま、大量に定年退職する団塊の世代オーナーに目をつけた小資金店の開発に血道をあげている。大企業をリタイアした団塊世代 baby-boomers は、退職金 retirement pay をたっぷりもらい、年金 pension も受給できる。退職者は全国で 680 万人。他人と一緒が望ましいと考え、特に修羅場 dreadful scene をくぐっていないノホホン世代 spoiled generation だから、その多くがシロウト起業家を目指し、敗退することだろう。もちろん、その姿はあなたの未来でもある。

コンビニの創始者、セブン - イレブンの鈴木敏文会長は、「小売業は変化対応業だ」といたるところで発言している。だが、加盟店の身になると、それは“お題目”（public stance）にしかすぎない。その意味で、毎年、大量のスクラップ・アンド・ビルドを繰り返す、大手本部の罪はきわめて大きい。スクラップにされたのは、加盟店オーナーの人生そのものだからだ。

【実例 15】調剤薬局
→敗因●本部を盲信し、甘い見通しを続けてしまった

コンビニの場合、それでもマニュアルなどはしっかりしている場合が多いが、そのほかの業種には、ボッタクリ rip-off そのもののフランチャイズ本部もある。その勧誘の手口 scheme of inducement は、騙しやデッチアゲを使い、「違法性が強い」と判断していいだろう。コンビニや外食産業などの大手チェーンと違い、経営者もやり方も幼稚で露骨 obvious。それ故に、被害額 extent of the damage は大きく、傷も深くなる。

「『日経新聞』や『アントレ』に大きな広告が出ていたので、まさかこんなデタラメな本部だとは思ってもいなかったんですよ。加盟店募集の収益シミュレーションには、1カ月の純益が 200 万円と出ていたんです。それがオープンしてみたら毎月赤字が 70 万円ですからねぇ、開ければ開けるほど赤字が膨らむばっかり……。あんな広告を信じたのが甘かったんです」

2004 年 8 月、埼玉県新座市に 2600 万円かけてオープンした調剤薬局 dispensing pharmacy をたった 3 カ月で閉めざるを得なくなった石根洋一（仮名）オーナーは、こう嘆いてため息をついた。

石根が加盟したフランチャイズ本部は、2003 年に設立したばかりの新手の調剤薬局専門のL社（東京）だ。ここの加盟店 franchisee は昨年半年で 6 店オープンしたが、すでに 5 店が閉鎖するという、惨憺たる状態 wretched plight である。それでも実情を知らない約 30 店のオーナーが契約を済ませてオープン待ちの状態になっている。加盟者は東京、埼玉、静岡、大阪、仙台、岡山などにおよび、その被害は全国規模になりそうだ。いまでも『アントレ』などに派手なカラー広告を打って加盟店を募集している。その悪質な手口 malicious scheme とは、いったい、どんなものか？

この本部の K 社長には、私も 5 年前に 1 度会った。当時は宅配弁当の FC を経営している 30 代のヤリ手青年実業家といった雰囲気 impression。それ以前は学習塾の FC を経営していたというから、どうやら FC ビジネスの裏表 two sides of the business を知り、本部のうまみを知り尽くした“FC ゴロ”のようだ。

おもしろい業態なので注目して取材を申し込んだ。当日、10 分ばかり話を聞き、私が突っ込んだ質問 disturbing question に移ったら、突然、K 社長がキレた。そして横柄 arrogant な態度に豹変した。すぐカッとなる性格に「この男ウサン臭いな」とカンが働き、こっちから取材を打ち切って帰ったという経緯がある。

その後、K 社長は弁当会社を売却 sell-out し、その金をもとに今度の調剤薬局 FC を立ち上げたようなのだ。

ここで L 社の契約までのダマシの手口を検証してみよう。

そもそものキッカケは、2004 年 1 月、日経新聞の「オーナー募集」の広告だった。コンビニや雑貨店 general shop などと違い、薬局の開業には管理薬剤師の資格 license がいる。シロウトが参入 take part in するには、当然、薬剤師 pharmacist にすべて頼りきることになる。リスクが大きい。それなのに、なぜ、薬局経営に惹かれたのか？

石根は、「これは投資だ」とハッキリ割り切ったという。実は彼はコンビニを経営しており、いわばサイドビジネスのつもりで知識も経験もない調剤薬局に手を出したのだ。

「だって利益率は高いし、なにもしなくていいと広告の謳い文句に書いてあったんですよ。若いうちなら自分が現場でどんどん先頭切って働くけど、まあ、50、60歳になればそんなに長くは働けない。それに薬局ってなんとなくキレイな仕事だし、医療は市場がこれからどんどん大きくなっていく。これだと楽できるし、アパート経営よりはるかに安全かなぁ、と思ったんですよね」

まず、その甘い見通し overly optimistic prospect に大きな落とし穴があった。経験も知識もないので現場のことはわからない。本部のいいなりで話が進み、口出し suggestion もできないのだ。それで儲かるからと、アッサリ2000万も3000万円もつぎ込んでいる。4000万円も損害を出したオーナーも出ている。この調剤薬局に引っかかったオーナーたちは、みんなこのパターンを踏んでいるのだ。

他人任せの商売ほど危険なものはない。あとで触れるが、実はこの調剤薬局ビジネスこそ、素人 layman が手を出すとアブナイ利権ビジネスの代表なのである。医薬分業 separation of dispensing and prescribing functions=SDP を追い風に調剤薬局業界では、いま、大手チェーンがＭ＆Ａ（企業の合併・買収）を仕掛け覇権争い competition for dominance をやっているのである。

だが、もちろん、加盟 join する人間はそんな業界事情 inside story にも疎《うと》い。本業 core business でコンビニや古本屋、ソバ屋、ソフト会社を経営し、世間の事情 sign of the world も知らない。「このオイシイ話、2、3年でモトが取れる」との軽いノリなのである。

甘い言葉に夫婦ともどもダマされる

魅力的な広告に惹かれて本部に電話すると、開発担当のO本部長から電話があり、上野駅近くの大きな総合病院 general hospital に連れて行かれた。念のため妻を同行し、2人で話を聞いた。

そこで2種類の薬局を見せられた。1つは総合病院の前で営業する、いわゆる「門前薬局」。5、6店並んでいた。門前薬局とは寺の前で参拝客相手に商売 business をするように、病院の前で患者相手に開業した調剤薬局のこと。もう1つはそこから500m ほど裏手に入った精神科クリニックに隣接した薬局。この2つの立地が違うタイプを実際に見せられ、調剤薬局の経営のイロハを説明された。

O本部長は、精神科の薬局を「これはウチの直営店だ」とハッキリと口に出した。そこで調剤室 dispensary にも入り、10分ほど内装や店舗イメージなどの説明をした。薬剤師も紹介してくれた。

L社のパンフレットには、「Kメディカル」という実在する調剤薬局チェーンと提携 affiliate しているかのように紹介されていた。実際、O本部長は電話でも、「ウチにはKメディカルがバックに控えているのでノウハウがある」とハッキリ答えている。

だが、契約後に知ったことだが、すべて真っ赤なウソ obvious lie だった。Kメディカルはなんの関係 relation もなかった。上野の"直営店"もウソ。実は上野店はKメディカルの店で、見学用に一時、場所を貸しただけだった。それもK社長とKメディカルの取締役 board member が、「単なる知り合い」just an acquaintance というだけの関係。土地も買ってない分譲マンションのモデルルームを見せられたようなものだろう。ノウハウもなにもあったものじゃない。しかし、なにも知らない石根夫妻は、O本部長の甘言 birdlime と立派なパンフレット brochure with full detail と"直営店"見学で、コロッとダマされてしまったのだ。

ここで調剤薬局と一般薬局の違いを説明しよう。

マツキヨなどのいわゆるドラッグストアは、医薬品・化粧品 drugs and cosmetics を中心とした雑貨屋 general store である。もちろん、薬剤師の常駐も義務づけられているが、主力商品は、カゼ薬、胃薬、栄養ドリンク剤などの大衆薬と雑貨。それに対し、医師が診断して出す処方箋 prescription にもとづいた患者専門の薬局を調剤薬局という。薬剤師が薬を調合し、取り扱い商品は専門的な医薬品だけ。

当然、客は病院の処方箋を持った患者に限られる。患者が相手なので、ティッシュや化粧品、ドリンク剤など買うわけがない。そうなると必然的 inevitably に病院とのコネが重要になり、薬局のナワバリ争い turf battle で経営が左右される。当然、すでに院長の姻戚関係や医者のサイドビジネス、薬剤師会、薬問屋などで利権 vested interest は押さえられており、シロウトが簡単に参入できる商売ではない。

この調剤薬局は、厚生労働省 Health, Labour and Welfare Ministry が進める医薬分業政策に乗って急成長中 rapid growth だ。処方箋１枚当たりの単価 per-piece cost も上昇し、大手調剤薬局チェーンは軒並み過去最高の利益 recorded earnings をあげている。業界関係者にとって将来性が高いビジネス promising business の１つであるのは間違いない。

デタラメな収益予想で、予算は拡大の一途

肝心の投資額 stake がどのくらいか、契約前には大ざっぱな数字

しか教えてくれなかった。O本部長に聞いても「1200～1300万円ぐらいでしょう」とか、「1000万円で抑えられますよ」などと曖《あい》昧《まい》にごまかす。この数字figureを低く言って安心させるのも、FC共通のダマシの手口である。結局、投資総額は倍以上かかっており、これは常識common senseを超えた金額だろう。

総投資額を契約前にチェックし、文書documentationにしなかった落ち度はある。裁判trialのとき、言った言わないの水掛け論barren controversyになるから、文書にするのは常識general wayなのだ。脇が甘かったと言わざるを得ない。

桜が満開の中で、石根オーナーが店舗物件を見つけてきた。患者数1000名ぐらいの中央病院の近く。広さは15坪。少し遠くてロケーションに不安だった。だが、そのときもO本部長はその物件siteを見ると「直営でもやりたいくらいだ」と太鼓判を押したという。なんの判断材料もないシロウトは、本部長の言葉を鵜のみにするしかなかった。

3日後、本部から送られてきた市場調査と収益シミュレーションでは、処方箋受付枚数が1日65枚、市販薬・雑貨収入が22万円（1カ月）とされていた。月商monthly salesで565万円、利益returnが90万円との収支見通しearnings projectionsだ。

だが、このシミュレーションは後で各店のデータを突き合わせてみると、どの店も「処方せん65枚」となっていた。違うのは家賃rentだけ。各店の病院の規模scaleも競合状況competitionも違うわけだから、患者数total number of patientsが同じなのはあり得ない。まじめに調査などせず、データをでっち上げcook upていたのだ。

4月16日に加盟金を振り込み、契約を済ませると予算budgetがどんどん膨らんでいった。結局、総投資額 total stake は 2684 万円に上った。その内訳 breakdown of expenses は、加盟金 300 万円、内装費 367 万円、調剤機器・レセプトコンピュータ関係 783 万円、医薬品関係 1010 万円、家賃・保証金関係 224 万円である。

「最後は薬代入れると 2600 万円になったんですが、だけど、もう契約しちゃうと後戻りできないんですよ。その点に引っかかっているんですよ、皆さん。300 万加盟金を入れてしかも物件を押さえていますからねぇ。途中で高いなぁと思っても、しょうがないかとあきらめて、やる方へやる方へと引きずられてしまうんですよ。損害が 100 万ぐらいだったら考え直すんだけど……」

内装費 cost of interior decoration でも揉めた。複数業者の相見積もり estimation でいいということだったが、実際は K 社長の妻の実家の建設会社 construction company を指定された。しかもそれがバカ高い absurdly expensive。調剤室の衝立《ついたて》、カウンター、水回り工事で当初の見積もりが 460 万円。エアコン 2 台 80 万円。あまりに高く文句 complaint を言ったら、K 社長に泣きつかれ 360 万円で折り合った。

本部は物件と調剤機器と内装工事の発注を急がせた。しかし、開店については全然急がせなかったという。いまから考えると、これも調剤機器、内装工事は本部のピンハネ収入になるからだ。早く店舗を押さえ、機器類を発注 order させ、絶対、後戻り withdraw できなくさせる。まさに悪質 malicious なやり方である。

それより呆れたことに、オープン直前だというのに本部では医薬品の仕入れルートも確保 secure していなかった。肝心の薬が入らない。それだけで詐欺罪 charge of fraud が成立するだろう。あわてて本部は電話帳で調べ、知り合いのツテを頼り、やっと薬問屋を確保する始末だった。

オープン後、あまりに処方箋 prescription が出ないので文句を言った。すると責任を感じたのか、本部では病院前に 2 名の販促要員を張りつけ、客引き solicitation を始めた。それでやっと 20 枚の処方箋が出た。しかし、この客引きは違法行為 illegal activity だった。そのため社会保険庁から何度も中止命令を受けた。だが、客引き dragging customers on the street でもしなければ、1 日 5、6 枚の処方箋しか出なかったのだ。

その後、クレーム処理は別な人間に代わり、K 社長と O 本部長はプッツリ電話に出なくなった。わずか 14、5 人の社員しかいないのに「加盟店開発」development「開業指導」guidance「クレーム処理」claim management と見事に役割分担 division of roles ができていた。クレーム処理は単なる聞き役で、なんの解決策 solution も出せないのだ。それは苦情の引き伸ばし役、ガス抜き役でもある。「まるで振り込め詐欺みたいだった」という。

こんな違法スレスレをやる act on the borderline between legality and illegality のは、ズバリ、ボロ儲け cleanup できるからだ。原価 initial cost を調べると、1 店加盟させると 700 万円ほどの荒稼ぎになる計算だ。すでに 30 店以上が契約しているというから、この調剤薬局ビジネス、1 年で純益が 1 億数千万円は堅い sure だろう。

「2600 万円も投資するので、毎月 100 万、いや、50 万でも利益があればいいなぁ、と思ってたんです。お店は薬剤師に任せてオーナーはなにもしなくていいわけですから。これが人生最後の仕事にしたいと思って……。それでコンビニを売って隠居仕事にしようと計画してたんですよ。それが、全部、メチャクチャですねぇ。人生でこれだけの屈辱ってないですよ。他のオーナーさん、みんなそう言ってますよ、皆さん50、60代なんですよ」

L社とは何度も話し合ったが、ラチがあかない。もう我慢bear offできないと、昨年末、石根オーナーはL社に対して損害賠償の裁判damage suitを起こした。近く被害者victimの会を立ち上げる予定である。

【実例16】パソコン学習塾

→敗因●コンピュータソフトがあまりにもデタラメ

「ハッキリいって本部に裏切られましたねえ。加盟店になってわかったのは、本部は“専制君主”、われわれは契約で縛られた“平民”なんですよ。こっちは設備投資しているので逃げられない。いまとなっては自分の不明を恥じ入るばかりですよ」

FC本部との関係relationshipをこうアケスケopenlyに語るのは、6年前、埼玉県で学習塾ビジネスで脱サラした武田和彦（仮名）オーナー（脱サラ時・55）。フランチャイズでは、いったん契約するとどんな悪条件bad conditionsでも抜けられない。加盟店をやめることは、即、廃業closeすることなのだ。

武田オーナーは自動車部品メーカーのエンジニア出身。早期退職early retirementに応じて定年前の54歳で脱サラした。第2の人生、高校時代の夢だった教師になろうとFCに加盟joinしたのだ。

武田は東京工業大学化学科を卒業し三菱レイヨンに入社。それは高度成長期high-growth periodの世の中の流れに乗ったもので、本当は国語教師になりたかった。三菱レイヨンでは研究所に所属、工場の生産向上 productivity improvement の技術を開発し、2 度表彰を受けた。製造技術関係で十数件の特許 patent を取った。また、ブラジルに 2 年半駐在し、工場の技術指導 technology guidance も行った。

その後、繊維業界の構造不況 structural depression で自動車部品メーカーに転職 switching career。義兄も中学校の校長 principal。その夢を 30 年ぶりに果たしたい、と思い切って転身 transfer したのだ。この決断 decision はいまでも間違ってないと思う。問題は FC 本部の選択 choice だった。

武田が選んだのは、コンピュータ教育をウリにした学習塾全国チェーンの P 社。40 坪の教室 classroom にパソコン（PC）を 6 台置き、小中学生 elementary and junior high schoolers を対象に学力に応じた個人指導を行うのが特徴。1 人の塾長で最大 24 人まで面倒をみられるのが魅力だった。

開業費用は加盟金 150 万円、パソコン 8 台 130 万円、教育ソフト 320 万円、看板代・広告費 90 万円、内装関係 70 万円、家賃・保証金 100 万円などで、総投資額は 1000 万円を超えた。毎月のロイヤルティーは 3 万円。

学習塾産業 Japan's Juku business は、高度成長期 rapid economic growth era の 1970 ～ 80 年代、子供の数も右肩上がりで急成長した。受験競争 competition in entrance exam が激しく儲かった。この間、大手塾会社はフランチャイズ方式を取り入れ、教室の拡大 expanding に突っ走った。

この学習塾ビジネス、ちょっと目《め》端《はし》の利いた若者なら簡単に FC 本部が立ち上げられる。まずモトデ seed money がいらない。場所はアパートの一室でいい。先生も学生バイトを使えば安上がり。

それだけにいろいろな経歴backgroundの人物が参入し、加盟店franchiseeがすぐ本部franchiseに昇格したり、玉石混淆ビジネスの代表格といっていい。

学習塾に準じたFCは、英会話教室、FAX添削塾、カルチャー教室、着物着付け教室、陶芸教室、パソコン塾などがある。この教育ビジネスでも、教師に憧れた脱サラcorporate dropoutや主婦housewifeたちが引っかかっている。ついでに触れると、カギ屋、ハンコ屋、靴修理、弁当屋、中古車売買、結婚仲介、便利屋、探偵などのサービス型ニュービジネスも簡単に本部が立ち上げられ、怪しい会社dubious companyが多い。いずれも、シロウト脱サラを狙って「小資金・短期研修ですぐオーナー」といったゲンキのいいキャッチで加盟店を募集している。

武田が引っかかったのも、本部のこんな甘いコトバだった。

それでも本部を選ぶ際、フランチャイズショーなどに行き十数社見て回った。そのなかでP社の対応responseが一番よかった。午前中に電話を入れると、午後には社長から返事returning callが返ってくる。資料請求すると、2、3日後には宅配便home deliveryで届いた。

実際、社長に会うと、

「オーナーさんが自由に教室を経営していいですよ。本部とは上下関係ではなく、タイの関係です」

と話し、イコールパートナーequal partnershipを説いた。FC特有の締めつけrestraintもない。これなら自分のアイデアが生かせそうだ。そのときの社長の熱意enthusiasmと本部の対応が決め手となった。いま、ふり返ると、この打てば響く対応こそ、P社がシロウト脱サラをくどき落とす手口methodだった。

肝心の授業ソフトは間違いばかり

最初に不審 suspicious に思ったのは、教室がオープンして１年ほど経ったころである。本部が加盟店の横の連絡 communication をひどく嫌ったことがキッカケだった。一応、全国に 300 近くの教室があるという触れ込みだが、加盟店名簿 franchisee list もくれない。そのため、近くの教室の存在は自分で電話帳 telephone directory で調べるしかなかった。

学習塾は競合 competition が激しい。そんななかオーナーは、塾の運営や教え方、母親への対応などで悩み、毎日が孤独 lonely である。同じ悩みを抱えるオーナーの意見 opinion ややり方 how-to を参考にしたい。しかし、その情報交換 exchange of information のための電話も許されなかったのだ。

「南浦和の教室のオープンも、姪が新聞チラシを持ってきて初めて知ったんですよ。とにかく、加盟してわかったのは、本部は秘密主義。本部組織がどうなっているかも教えてくれない。なにか頼んでも遅かったり、返事がなかったり、要領を得ないんです。社内で連携が取れてないんですよ。本部にはサービス業という感覚、これっぽっちもないんです」

加盟契約までは至れり尽くせり perfect だったのに、加盟後の態度 attitude の豹変ぶり sudden change にビックリした。それは「釣った魚には餌をあげない」との態度がミエミエ obvious だったという。

それよりなにより驚いたのは、欠陥ソフト defective software である。パソコン教育はソフト software が命。小中学校の授業単元にそってソフトが作られており、それに対応して生徒を指導 instruct していくからだ。そのソフトがデタラメというのは、授業でウソを教えるということである。

たとえば、小学校の算数 math の例題などは 3 割ほどの間違い箇所が発見されたという。そのたび、武田は教科書発行元の出版社に問い合わせたりした。説明文 guidance がわかりにくかったり、プログラムの入力ミス inputting error も数多い。国語の例文 example sentence では「て、に、を、は」の使い方のミスも多く、まじめにチェックする気さえおこらないと嘆く。授業では、生徒の目をゴマかしながら進めるしかない。

2002 年の学習指導要領 ministry's curriculum guidance の変更のときもひどかった。まともに指摘 check すると、実に 300 カ所ぐらいの欠陥箇所が発見できたというから驚く。

「本部は小学校中退の人にソフトを作らせているんです。せめて小学校を卒業した人を雇ってください、とお願いしてるんです」

武田は皮肉タップリ sarcastically にそう話す。

ロイヤルティーのほか、教材費 study material cost、販促チラシ・ポスター費 sales promotion cost など少なく見積もっても年間 100 万円近くの金を本部から吸い上げられている。その揚げ句、こんな欠陥ソフトじゃ救われない。

武田は几帳面 punctilious な性格で、本部とのクレームのやり取り talks to and from をすべて記録に残している。その分厚いファイルが何冊もある。本部との会話 conversation をテープで何本も録音 record している。それらを見ると、「国語の漢字ソフトが見当たらない」、「中学英語の内容が教科書と対応していない」、「英語の単語の学習ができない」、「請求書の明細が不十分だ」などの不満が書き残されている。こうしたやり取りが年間300件以上というから半端じゃない。それはいまも続いている。

名ばかりの経営指導に怒り爆発

経営指導 practical advice などもないに等しかった。ロイヤルティーが月3万円と低額なこともあるが、巡回指導など1回もない。社長に会ったのも契約したときが最後で、ここ6年ほど声も聞いていない。

「本部では月2回ちゃんと情報を渡しているじゃないか、と弁解するでしょう。ところがこの情報誌に載っているのは、社長、専務の自慢話だけなんです。オレはこうやって成功した、だから加盟店もこうしろ、ああしろだけなんですよ。こんな成功話は参考にならない。現場ではこうやったら失敗した、こんなことに気をつけろ、そんな情報に価値があるんです」

その「情報ナビ」と題した会報誌 letterzine は、最初月1回の配布だった。それもオナサケで送ってくるような内容だった。7ページの小冊子が請求書 bill に同封して送られて来るからだ。最近ではネットに掲示 up しているのでそれを見てくれ、と言っているらしい。そんな傲慢な対応に武田は、「ネットにゼニを払っているんじゃない」と腹が立っている。

契約前との約束の違いはいろいろある。年4回のソフトのバージョンアップ作業 version upgrade もその1つだ。

このソフトの定期変更 regularly upgrade は、いわばパソコン塾の根幹 stem である。当初、ISDN回線を使って本部がリモートメンテナンスをやってくれる、との条件だった。当然、電話もISDN対応の機種を買い入れた。電話機や基本料金 base price も割高になる。

それが半年後には、いきなりCD-ROMを送りつけて来た。それをみて加盟店の方で勝手にバージョンアップ upgrade してくれ、というワケだ。実際、そうした手直し作業 revision も大変なのである。

それだけじゃない。キャンペーンの方法、販促チラシやポスター配布数、副教材などなど、加盟前の約束と違う点はキリがない。

「いまではもう、いろいろ注文つけてもムダかなぁ、という気になっていますねぇ。本部からハメられたということでしょう」

学習塾を立ち上げて7年目。悪戦苦闘 struggle を続けるなかで唯一の救いは、テレビ仕込みのオヤジギャグを飛ばす武田を、「おもしろい先生」と慕ってくれる子供たちだろう。

こうしたFCビジネスのズサンな実態 loose management は、加盟して初めてわかる。コンビニやラーメン店などは、まだ店舗や商品や立地などでメドがつくが、学習塾のようなサービス型FCは、「いいFC」と「悪いFC」を外見で見分ける材料 information がない。そのうえ経験者以外にほとんど世間に知られておらず、情報収集する方法もない。そこにFCビジネスの怖さがある。

武田はエンジニア出身で、海外経験も積んできた。サラリーマン時代、技術資料を作って外国メーカーに売ってきた経験もある。そのとき、「いい加減な資料を作ったら外国企業に訴えられるぞ」と思い必死の覚悟で取り組んできた。それ故に契約の重みもわかっており、本部からこんな仕打ちをされるとは夢にも思わなかった。

FCビジネスでは、武田のような仕事熱心 industrious なオーナーを本部は大事にしなければならない。現場から商売のノウハウが吸収 absorb できるからだ。事実、武田は何度となくソフトの改善や業務提案 business proposal を行い、建設的な意見 constructive feedback を出している。それらは無視 ignore され、曖昧にゴマかされ続けてきたのである。

もともとこんな本部は、「加盟店を繁盛させよう」なんて気持ち intention はサラサラない。いかに加盟店にパソコンや教材を売りつけ、加盟金とロイヤルティーを吸い上げられるか、そんな考えしか持っていない。実際、本部側のそのときどきの対応を検証してみると、その判断は決して間違ってはいない。

【実例 17】弁当店の委託経営
→敗因●本部のひがみにあってハメられた！

脱サラの受け皿のフランチャイズ（FC）や代理店ビジネス。この中には、「有名本部なら安心だ」と考え安易に加盟して失敗するケースが跡を絶たない。だが、このシロウトを狙ったFCや代理店には、本当に数限りない巧妙な落とし穴 slick trick が仕組まれている。直営店 franchisee の経営をまるごと任せる「委託経営」management on consignment もその１つだろう。

委託経営とは、開業資金を調達できない人向けに本部直営店の経営をすべて任せる制度である。収入は成果報酬 pay for completion で、独立志向の若い人などに人気だ。最初は雇われ店長 employed manager だが、経営手腕 management ability によってオーナー経営者に抜擢《ばつてき》 promote するという“ニンジン”がぶら下がっている。ヤル気のある人間 highly motivated person にとって、一石二鳥の“プレ起業”といっていい。

2001年8月、大手の持ち帰り弁当本部の委託経営を引き受けたのは、大阪市の大村美代子（起業時・52）だ。場所は奈良県香《か》芝《しば》市の下田東店。当時、大村は離婚直後で自活 self-support の道を探っていた。

「ちょうど夫との関係がうまくいかず、女1人でも生活できる仕事を探してたんです。私の年齢ではパートぐらいしかないんです。だから本部からこの委託の話があったときは、死ぬまで働ける仕事にしたいと思ったんですよ」

弁当店に勤めて2年目、本部のスーパーバイヤー（店舗運営指導員）に仕事ぶりを見込まれたのである。H本部と結んだ委託契約 consignment contract は、保証金50万円、管理料25万円の3カ月更新。月商が620万円を切ると、売上の6%を反則金 penalty として支払わなければならなかった。売上から原材料費、家賃、人件費、諸経費関係を差し引いた分が収入 return だ。売上を増やしたら儲け profit も大きい。アルバイト店員と違い、ヤレばヤルだけ収入も増える。それだけに欲 desire と意欲 will が出てきたのだ。

FC店の開業には、加盟金100万円のほか原材料費、什器備品、内・外装工事費、店舗取得費などで総額2000万円以上の資金がかかる。その点、委託だと100万円ほどの資金で済むから、主婦の事業 house-wife's enterprise としてはリスクが低い smaller risk ように見える。

下田東店は、大村が経営を引き継いだとき月商500万円。H本部チェーンでは標準的な規模 average scale である。それを大村は接客サービスとクレーム処理などを徹底し、1年で月商670～680

万円の繁盛店 thriving shop に育て上げた。香芝市は人口増加地域であり立地にも恵まれていた。売上は最高で 750 万円まで伸ばした。

当然、業績に連動し linked to the performance、大村の年収も一挙に 700 ～ 800 万円台に増えた。だが、この高収入 fat income が本部の中で問題化していた。一店長が部長並みの高給をとっている、とヒガミ jealousy が出たのだ。

店舗が軌道に乗り大村も自信をつけていた。そんな折、本部から「FC で経営してみないか」との誘い suggestion が持ちかけられた。当然、いまの店を引き継ぐもの taking over と思った。自分がここまで育てたという、愛着と自負 affection and pride がある。

だが、話はまったく違っていた。「店変え」を要求してきたのである。本部はいまになってドル箱 cash cow の店が惜しくなったのだ。しかも、本部が押しつけてきたのは、郡部の榛原町《はいばらちょう》の店だった。

榛原は香芝に比べ人口も少なく、弁当を買う習慣 habit も薄い。盆地で雨や雪も多い。誰が見てもいい商圏 market area ではないと思い、拒み続けた。大村は下田東店の契約更新 renewal of contract を要求したが、本部は「あかん」の一言で片付け、大村の望みを断ち切った。具体的な理由 tangible reason の説明もない。それを聞いた瞬間、頭の中が空白 empty になり「これからどうしようか」との思いにかられた。女性と見てバカにしているとしか思えない。

当時の追いつめられた気持ちを大村はこう語る。

「そのとき、私の立場は、榛原店を出すか、他に仕事を探すか、そのどっちかを選ぶしかなかったんです。当時 55 歳。それで北陸や淡路島の旅館の仲居さんの仕事をあたりましたが、面接すらしてもらえなかったんですよ」

やむなく大村は榛原店を出す決意をする。本部は市場調査をしたから大丈夫 no problem だという。だが、最後まで収益シミュレーションや商圏調査などのデータの開示はなかった。これは後でわかったことだが、市場調査どころか20～30分、店舗予定地周辺の人の流れを見ただけだった。

2002年12月、半ば強引に榛原店のFC契約を結び、出店準備にかかった。息子2人を連帯保証人 backer に立て本部融資1300万円、昭和リース525万円、銀行関係500万円で総額2325万円の借金 loan をした。借入契約書にハンコを捺したとき、「こんなに借金してコケたら大変なことになる」と冷や汗が出たという。

2003年1月、榛原店がオープンした。その後すぐに不安 concern が的中する。ゴールデンウイークを過ぎたころから売上が落ち月商300万円を割り込んでしまったのだ。それで人件費 labor cost も出なくなった。それからは借金地獄 debt hell で喰いつないだ。

本部融資には生命保険 life insurance がかけられており、真剣に自殺を考えた。死ぬことで、息子たちまで責任 responsibility がおよぶことをなんとかくい止めようと思ったのだ。本部の指導員 instructor に窮状 hardship を訴えると、「死なな、しゃあないな」と言い放たれた。実際、睡眠薬を飲んで風呂に浸かり、自殺 suicide を図ったが死にきれなかった。自殺の名所、東尋坊《とうじんぼう》に行こうと準備していたとき、友人に見つかり引き留められた。

そして2003年11月、精根尽き果て開業11カ月で閉店した。

「部長が、"大村さん、3000万円（売上ノルマが）足らない"とチラッと言ったことがあったんですよ。私、それにハメられたんじゃないかと思うんです」

部長の売上計画 sales plan に自分の店の開業費 2300 万円が、最初から組み込まれていたと見るのだ。出店ノルマ優先の本部のやり方を見ていると、あり得ないことではない。大村自身、下田東店の収入で十分満足だった。もともと FC 店を開きたいという希望 desire など持っていなかったからだ。

2004 年 3 月、大村美代子は H 本部を相手に損害賠償請求を求めて大阪地裁に提訴 sue した。資金力のない主婦にムリやり FC 店の開店を押し付けた本部のやり方を訴えたのである。

この裁判はいまも続いている。

Chapter 6
第6章

いまのニッポンで起業するのは損か得か？
Pros and Cons of Start-Up in Japan Now

自信過剰があだとなった

ここまで他人の失敗ばかり書いてきたが、ではお前の体験はどうだったのか、と読者の多くは思っていることだろう。そこで、本章では、私の失敗談 failure story をまとめてみることにする。そこから、わずかでも参考 lesson になる話を拾ってもらえれば、これ以上嬉しいことはない。

さて、私もそうだったが、会社を作って1、2年の中小企業の社長 owners of small business の悩みは、資金調達 fund raising と顧客の開拓 market development だろう。逆にいうと、「カネと販路」にからんだトラブルや落とし穴が最も多いということだ。

とくに最大の悩み the biggest worry はカネである。

私もビジネス誌を出している間、毎月、支払い日 due date がくるとこの問題に悩まされ続けてきた。資金繰り cash flow を考えて真夜中に飛び起きる。そして朝まで眠れない。その繰り返しだった。ストレスが溜まると夫婦仲も険悪になる。

世の中で「社長」と名乗っている中小企業のオヤジたちは、金額の多寡《たか》はともかく、みんな同じ悩み same problem をかかえている。そして悩みに悩んでギリギリの日に、なんの義理もない友人知人をすがって借金の電話をかけまくる。いま冷静 calmly にふり返ってみて、なぜ、そこまで追いつめられても雑誌を出し続けなければならなかったのか、マトモな答えは出てこない。「起業バカ」naive entrepreneur の呪縛 spell にからめとられていたのだろうか。

私が『Incubation』というタイトルのビジネス誌を出していたのは、2002 年 4 月から 2004 年 2 月までの丸 2 年である。一応、隔月 bimonthly の定期発行スタイルを取っていたが、資金的に 7 冊出すのが精一杯だった。

ビジネス誌『Incubation』の創刊は、ベンチャー企業やニュービジネスを取材テーマとする私の、1 つの総決算 summarization の意味を込めたものだった。長年、ビジネス誌の主力ライターをやっていたが、内紛 internal trouble がもとでその雑誌が乗っ取られたのだ。経営者が変わり、フリーライターは使わないという方針が打ち出された。それで十数人もの外部スタッフが路頭に迷った wandering around the street のである。そこで、締め出されたライターやカメラマンなどに声をかけて立ち上げたのが『Incubation』だった。

フリーランスの人間たちにとっては、なによりも気持ちよく仕事できる場所を確保するのが重要なことだった。その期待に応えたい

わずか7号で廃刊した『インキュベーション』誌。第2号では、クレイフィッシュの松島庸を取材している。

という気持ちもあった。もちろん、投資に見合った金儲けも狙っていた。しかし、正直にいうともともと私はおカネに執着するタイプではない。金銭感覚は人並みにあると考えているが、ガツガツ儲けようという気持ちは薄いように思う。それよりも、カッコつけるわけじゃないが、「志」を大事にするタイプだ。

だが、いまはっきり言う。これは起業家として致命的な欠陥なのだ、と。カネに執着し、欲を剥きだしにし、人を押しのけるほどの気迫がなければ成功なんて覚束ないのだ。

小さな成功体験が足を引っ張った

その2年前、私はある雑誌の雇われ編集長 employed editor-in-chief を引き受け、ビジネス誌 trade publication を立ち上げていた。だから編集スタッフ、ライター、カメラマン、デザイナーなど雑誌制作に必要なスタッフはすべて揃っていた。その新雑誌はある程度成功し、私の編集した号は数百万円の利益 profit を出したはずである。

昔、サラリーマン編集者時代、社内起業 entrepreneur をプロデュースして1年で5000万円の売上をあげた。企画コンペでも、大手広告会社 big ad agency の電通などを敵に回し、何度も大きい仕事を取ったことがある。

そんな小さな成功体験が、私の自己過信 overconfidence と自惚《うぬぼ》れ cockiness のモトになっていた。失敗者の常道、「こんなものオレ1人で大丈夫だ」とタカを括っていたのである。

しかも、こうと決めたら社長の命令 order も無視 ignore して、独断専行 no consulting で突っ走るクセがあった。ふり返れば若気のいたりだが、チームプレーなど考えない傲岸不遜 arrogant な人間だった。この種のタイプは、いまの私の判断基準でいうと、「起業家の資質はあるが、最後は破滅する」という部類 category に入る。断言 assert するが、これは間違いない。

もちろん、当時の私には我が身をふり返る余裕などない。追い詰められた気持ちと、「仲間を集めてなんとかしよう」とハヤル気持ちもあったのか、ライター仲間の眼には、ドン・キホーテと映っていたのかもしれない。

『Incubation』が狙ったのは、『日経ベンチャー』(日経BP社) や『ベンチャークラブ』(東洋経済新報社)、『ビジネスチャンス』(サクセスマーケティング社) などが切り開いた、ビジネス誌業界のニッチ市場 niche market だった。

このマーケットは10年ほど前にでき、素人起業とベンチャーブームの影響もあり、5万部ほどの市場 circulation ができていた。そして年中、小さい雑誌が出ては消えたりしていて、比較的、参入 new entry が簡単だった。雑誌経営のシロウト layman には、そう見えたのである。

無謀で実現不可能だった事業計画

わずか100ページの小雑誌 compact magazine だったが、取材件数は60～70本入れ、数多くの起業事例 case study of start-up business を載せるのをウリにしようと考えた。中高年の脱サラ dropout from company が増えており、創刊号は「大企業の脱サラベンチャー」を巻頭特集 feature に打ち出そうと考えたのだ。

フリーライターを12、3人使い、編集スタッフはフリーを1人雇い、電話番 person on phone duty を1人置く。広告代理店は3社を専属で抱えた。これは経費 expense を抑えた雑誌社として最小の態勢である。

それでも資金は、毎号、600～700万円ほどかかる。印刷部数 circulation は2万部だが、直接原価だけで原稿料・撮影料200万円、デザイン・製作費60万円、印刷関係200万円、編集雑費30万円、雑誌コード使用料50万円といった内訳 breakdown である。原価 initial cost をいくら絞っても500万円はかかってしまう。

そのほか固定費 constant cost で事務所代 rent、人件費 labor expenses（常勤2名）、通信費 communication cost、販促費 promotion cost と経費 expenses はかさんでいく。これでは新聞広告を打ったり、書店回りに人手をさく余裕など最初からなかった。

私の事業計画 business plan では、実売で1万2000部、広告収入で600万円を上げなければ採算 break-even が取れない計算だった。雇われ編集長のとき2万部近く売った実績 result があったので、「おもしろいものを作れば大丈夫だろう」と踏んでいた。

しかし、その皮算用 estimation は、まったくもって実現できなかった。創刊号こそ 600 万円近くの広告収入をあげたが、2 号以降は惨敗 miserable sales だった。

雑誌経営には編集と営業の 2 本の柱が絶対必要だ。それを実現するには、2000 ～ 3000 万円の資金を調達し、創刊前から勝負をかけなければならなかった。創刊後の広告収入を当てにした私の事業計画が、そもそも無謀だったのである。

創刊 launch して動き出すと、編集 edition、営業 sales、制作 production、読者対策 readers management と仕事が押し寄せ、身動きがとれなくなった。時間はアッという間に過ぎた。感覚的には月刊誌 monthly の発行ペースであり、少なくとももう 1 人の自分が必要だった。とにもかくにも、人手 manpower が足りないのだ。

とくに、営業の代理店サポートに時間がとられた。それまで広告は「代理店任せで黙っていても入ってくる」と思っていた。だが、もちろんそんなに甘いものではない not that easy。結局、創刊時の 2 カ月間、営業マン 4 人にそれぞれ付き添い、クライアントを 60 ～ 70 件廻り、クツ 1 足を履きつぶしたほどだ。編集長兼社長の仕事は、広告主廻りが絶対欠かせない。

考えてみれば当たり前だが、編集畑を歩いてきた私にとって「いい雑誌を作れば売れる」といった盲信があった。営業は後からついてくる、との思い上がりがあったのだ。そのうえギリギリの資金で編集も営業も中途半端な態勢だったため、そのシワ寄せが一挙に押し寄せてくることになる。これも当初は予想外のことだった。

肝心の事業資金 business fund は、創業時、国民生活公庫や実家から 1000 万円ほど調達 raise していた。しかし、その程度の資金では自転車操業operation on the hand-to-mouth basisもできないことが、後でトコトン思い知らされた。

スポンサー探しもやってみたが、出版不況slump in publishing industryの時期だけに失敗した。ある雑誌社との交渉では社長決裁の手前までいったが、市場が小さいという理由で断られた。ベンチャー雑誌など何十万部も売れるワケじゃない。一般的には知名度ゼロである。雑誌のプロたちはその点を見抜いていたのかもしれない。そのときやめておけばよかったのかもしれないが、余裕のない自分に、起業のワナtrapなぞわかるわけがない。あるいはこの「転落への途」を、自ら望んでいたのではないかとも思えてくる。いずれにしても自分でハッキリ説明できない、こころの衝動impulseが「起業」start-upsにはあるものだ。

新たなトラブルで身動き取れず

ビジネス面から見ると、出版業界は特殊specialである。たった1人で立ち上げられるし、そんな零細会社small enterpriseがベストセラーで大儲けしたりする。流通providingもインターネット時代だというのに、1冊ずつ梱包しトラック便で全国書店に送る。そしてどこの誰かもわからない読者を相手にしている。予測anticipationがつかない「水商売」なのだ。

そのうえ販売収入は、6カ月後の決済paymentとサイトが長い。「日販」、「トーハン」と2社の巨大取次店（問屋）が半独占的に書店流通を抑えているので、零細雑誌社は資金繰りcash managementに泣かされた。だから、雑誌は2カ月サイトの広告収入ad revenueで食いつなぐしかないのだ。つまり、ヒトとカネをかけなければならない大事な創業期に、片肺飛行で飛ぶ羽目になったのである。

雑誌づくりも、レイアウトなどのデザイン関係はコンピュータ化されているが、記事づくりの現場 frontline は人手に頼ったアナログの世界である。マーケティングなど、まるで関係ない。カン instinct と経験 experience と時間に追われた、出たとこ勝負。売れる特集づくりには、手間ヒマかかる。つまり、雑誌経営は参入障壁 entry barrier は低いが、事業リスクが非常に高いビジネスなのであった。

私のように小資本 small capital で雑誌を出す場合、よその雑誌社から流通コードを借りなければならない。本誌の別冊号という体裁 appearance をとるのだ。『Incubation』も友人のバレーボールの雑誌社からコードを借りていた。編集発行がインキュベーション出版、発売がバレーの雑誌社となるわけだ。

その雑誌社が 2002 年 10 月ごろから経営危機 financial crisis に陥った。社員 3、4 人の雑誌社で経営 running が苦しいことは前々から知っていた。しかし、こんなに早く突然やってくるとは予想外だった。

バレーの雑誌社は印刷費 print cost が払えなくなり、印刷会社から債権 claimable assets を押さえられ、管理下に置かれた。実質的な発行元が印刷会社に移ったのである。人も減らされ書店回りもできなくなった。雑誌の書店営業がゼロという状態になってしまった。正直なところ、これは大きな誤算 miscalculation だった。

私の方も編集の打ち合わせ、広告代理店の営業支援、資金繰りと、連日、夜まで忙殺され続けた。そんな折り、知り合いの企画会社 planning company の社長から新しい仕事の相談が舞い込んだ。外資系の銀行が投資物件 investment instrument を探している。不動産に顔が利く人を知らないか、というのだ。

不動産でとりあえず金策を始める

「渡辺さんはビジネス誌を出して顔が広いでしょう。なんでも先方には数千億円の資金があるらしいですよ」

「不動産ですか？　話がデカイなあ」

この唐突な話に戸惑った。

しかし、これまで不動産証券化 securitization of real estate や競売事件屋の取材をしていた。そこで年利回り 17%とか、20%、ときには 25%という、ベラボウな儲け物件を主婦たちが買い漁《あさ》っている実態を聞いていた。ハゲタカファンド vulture fund が塩漬け不動産を買い漁り、都心 urban core の地価 land prices も値上がりしている。バブル崩壊後、不良債権 bad loan をめぐってミニバブルが起こっていた。不動産がまたオイシイ業界 promising business になりつつあったのだ。

「チャンスかもしれない」

そんな思いがよぎったのも事実だ。だが、直接、物件 site を扱う不動産屋まで知らなかった。

金は欲しい。しかし、不動産は「千《せん》三《み》つ」の世界。1000 件に 3 件成立すればいい「バクチビジネス」だ。ヨタ話も多すぎる。深入り stick すると大やけどする。理屈ではわかっている、でもまぁ、話だけ聞こうか、と外資銀行と会う約束をした。ダメなら裏話

inside story を記事 article で書けばいい。

そのときの私は、すでに当面の活動資金として10万、20万と友人知人に借りまくり、サラ金にも手を出していた。そんな小口の借金が200万ほどあっただろうか。国民公庫の返済は一時猶予してもらっていた。要は余裕がなく、何とか理由をつけておいしい話に顔を突っ込みたかったのである。

約束の日、社長と私、そして知り合いの城南信金OBの3人で東京・京橋の事務所に行った。この城南OBは小田原の名家 noble family の出身で、不動産融資 real-estate financing に詳しい金融コンサルタントである。私が外資銀行の“首実検”をさせるつもりで引っ張ってきたのだ。

ところが、相手は外資銀行 foreign bank ではなかった。出てきたのはメガバンク出身の元融資次長。「○○会社顧問、西村俊」と書いた名刺 business card を出してきた。京橋の事務所も知り合いの会社だった。どうもうさん臭い男だ。西村俊（仮名）は金融コンサルだった。

西村の話によると、友人の会社が今度、不動産証券化 securitization of real estate の事業に乗り出すという。それでいま都心の優良物件 excellent site を集めまわっているという。それに協力してほしい、という申し入れだった。

不動産証券化とは、バブル後の塩漬け物件を再生させるビジネスだ。その不動産が将来生み出す含み益 latent gain を担保 collateral にして資金を調達し、娯楽施設やショッピングセンターなどで付加価値 added value をつける手法である。アメリカから入ってきて2000年ごろから注目され、いま不動産ベンチャーなどが稼ぎまくっている急成長ビジネスだ。

1998年4月、大和生命本社ビルが証券化 securitize されたのが最初期で、1999年にはジャパンエナジー本社ビル、新宿住友ビル（三角ビル）、NEC本社ビル、森永本社ビルが証券化され、話題 attention を呼んだ。以後、ダイエーや西友といったスーパー、東京全日空ホテルなどさまざまな物件が証券化されている。

この流れを知っていれば、西村たちがいまごろ参入 enter するとはちょっと遅すぎるとわかる。ということは、よほど物件に困っているのだろう。

欲しい物件はすべてビルの1棟買い。場所は、銀座、赤坂、六本木、青山のドル箱地域。築5年未満で利回り14.5％の優良オフィスビルなら最高という。「コミッションは売買額の3％」。これが西村が出してきた条件 condition だった。

「バルク（まとめ）買いなら10棟ぐらいで30億円のワクがあります。飲食ビルは対象外、テナントのスジがよくないのでね」

ずいぶん景気のいい会社だなぁ、それが私の第一印象 the first impression だ。30億なら仲介料 commission が9000万円か、と素早く計算した。横に座った社長を見ると黙って頷いて聞いていた。城南OBは、話を聞きながらメモをとっている。彼はすっかり乗り気 hot になり、早速、売り主 bargainer の大手デベロッパーの社名まであげて売り込み交渉を始めた。これじゃぁ、首実検の意味がない。

「今後、西日本の銀行グループがバックにつき数千億の資金が入ってきます。だからいい物件情報をどんどん上げてくださいよ。この世界はガセネタが多く、なかなか売り主さんまで繋がらないカラ話ばかりなんですよ」

有名な不動産会社 real estate agency の名前を持ちだし、「ここの話はガラばっかり」と苦笑いした。

その日、西村は買い主の素性 antecedent までは明かさなかった。不動産の取引 deal では、売り主と買い主 buyer の情報がすべてである。その双方を引き合わせるのが仕事だ。抜け駆けされては元も子もない。客筋はギリギリまで伏せておくのが常識だ。

西村俊は別れ際、エレベーターまで見送り、「不動産で儲けましょうよ」と誰にともなく言った。

その夜7時ごろ、携帯電話 cell-phone が鳴った。西村俊だった。

「ぜひ、協力してくださいよ、編集長の顔を使って。50億ぐらいまでならOKですから。今度、先方の責任者を紹介します。ジカに取引してくださいよ」

低い押し殺した声でボソボソ囁いた。私が本当に動くのかどうか、探りの電話を入れてきたのだ。その声には真実味 color of truth がこもっており、私は「彼らも本気だな」と思い、この話に乗ることにした。

あやしげな有象無象が寄ってきた

西村俊の案内で東京・八丁堀の買い主会社に行き、社長と社長補佐の立花英明（仮名）に引き合わされた。その会社は外国為替 foreign exchange の先物取引会社 future trader のC社だった。C社はアメリカの大手金融グループの日本総代理店 exclusive agency だった。その意味では“外資銀行” foreign bank と社長がカン違いしてもおかしくない。

C社は7階建ての総ガラス張りのオフィスビルに入り、5階のフロア全部を使っていた。受付に中国人女性が座っていた。社内では30～40人の女性がパソコンの前に座り、電話をかけまくっている。よく聴くとみんな中国語を喋っていた。この会社は、在日の華僑 overseas Chinese を相手に商売をしていたのだ。後でホームページで調べてみると、国内支社が、大阪、名古屋、千葉、新宿にあった。親会社の金融グループは全米第3位の規模となっていた。これなら2000億円の資金調達 fund-raising も軽いだろう。いまは世界的にカネ余りの時代なのだ。

立花は、「これから中国進出と不動産の仕込みに力を入れる。だからいい物件を紹介してほしい」と景気のいいことを言った。香港の金融筋 financial interests からもカネが流れてくるのだという。社長も不動産の仕事を30年ばかりやってきている。これだけ実態がある会社だから、40～50億円動かすという話は、ウソではないだろう。

その日を境に、私は不動産ブローカーのまねゴトに首を突っ込んだ。知り合い数人 a couple of my acquaintances に声をかけると、すぐ12、3人のブローカーが集まってきた。世の中、不動産ブローカーなどゴロゴロしていた。彼らも不況 depression のいま、有力な買い主（金主）を探し、鵜の目鷹の目で駆けずり回っていたのだ。

バブル崩壊後、不動産は買い手市場 buyer market である。本来、売り買いは対等のはずだった。それが塩漬け不動産が多くなり、地価下落 decline of land-price も激しくなって、業者たちは買い主探しに走り廻っていた。だから私がつかんだこの“金主”は、彼らにとって垂涎《すいぜん》モノ aspire だった。

どこから聞きつけたのか、大手経営コンサル会社の不動産担当者が、都銀の担当を連れて売り込み promotion にやってきた。品川の中規模の病院と老人ホームの売り物件だった。渋谷のラブホテルを持ってきた連中もいた。ラブホテルは投資物件 investment instrument として利回り yield が 20%も稼げて最上クラスに入るが、商売がら投資家によっては嫌うところもあった。しかも、その円山町のホテルは弁護士が介入 intervene して揉めている、業界で有名な事件モノだった。

池袋の不動産屋が持ってきた六本木の 400 坪（24 億円）の更地 vacant lot は、専門家に調べさせても売り主 seller にたどりつかなかった。仲介者は都内に 3 店舗を構える不動産屋だったが、社長自身、物件調査力がまったくなかった。要するに、口から口に情報だけ一人歩きする「伝言ゲーム」業界なのだ。後で知ったが in retrospect、この物件は管財人預かりの競売モノだった。

銀座の 21 億円ビルで、成約が見えてきた！

このようにさまざまな怪しい面々 dubious people が出入りするなか、70 歳過ぎの“定年 3 人組”が銀座や赤坂の質のいい物件を上げてきた。彼らは若いコンサルなどと違い、行動のテンポがノロかったが、業界事情 inside story に詳しく好感が持てた。物件も目抜き通りのオフィスビルが多かった。

雑誌の方はしばらく休刊 suspended だ。不動産でカネを作ろう。そうハラをくくった私は、2003 年 6 月ごろからまったく畑違いの世界 different field にのめり込んでいった。

現実には第６号で資金 money が底をつき、雑誌など出せる状態ではなかった。このころは事務所の家賃７万円を払うのがやっとだった。それで、妻との関係もまずくなり、離婚話が切り出された。自分勝手にやった事業だけに、彼女の言い分はもっともだ。

この間、資金繰り money collecting で、東京都の制度融資や保証協会付き融資など 6、７件申し込んだ。信用金庫 shinkin bank の担当者を交えて真夏の盛りに何度も事業計画 business plan を練り直した。いずれも、１年間の決算書 settlement がないという理由で却下された。

この際、取材で知り会ったエンジェル angel（個人投資家）に助けを願おうか、と迷った。しかし、エンジェルだって甘くはない。創業直後の“ベンチャー出版社”に企業価値 corporate value などあるわけもない。いまどき保証人も見つかるはずもなかった。

それらを乗り越えるのが経営者のウデだ。私は厚顔にもこれまでアチコチの雑誌にそう書いてきた。現にいまもこうした本など書いて偉そうにしている。

オマエに経営を語る資格などない。その批判 criticism はごもっともである。だが、それでも書き続けねばならないのだ。それはなぜか。その自問 ask myself こそ、この「起業バカ」が解き続けねばならない永遠の課題なのだろう。しかし、当時の私に自問する余裕など露ほどもなかった。いまにも地獄 hell に落ちる寸前の「綱渡り」tightrope walking をしていたからだ。

私が「3 人組」に目をつけたのは、まず“ヌケガケ”going ahead of はしない、という安心からだった。年金暮らしの彼らは、もはやギラギラと金を追うトシでもない。物件情報を持っている彼らには、買い主 buyer さえわかれば私の存在はジャマ obstacle だ。10 億円の物件 site が売れたとして 3 人なら 1 人の取り分は 1000 万円だが、4 人なら 750 万円に減る。

しかし、彼らは分別 reason もあり、取り分 share をめぐって仲間割れ falling out などしないだろうと踏んだのだ。この世界ではカネの奪いあいがもとのキッタハッタが一番怖い。

それともう 1 つ、3 人組に「宅建」の資格を持ったホンモノの不動産屋 realtor の鈴木実（仮名）がいたからだ。後の 2 人は一部上場の製紙会社の元常務と、その友人のブローカーである。3 人組では常務がボス格だった。

結論からいうと、3 人組が持ってきた銀座の 5 件の物件のなかで、5 丁目の 21 億円のオフィスビルに「買い付け証明書」が出たのである。C 社がこのビルの買い取り交渉に入りたいと、正式文書 official letter で申し出てきたのだ。私が動いてから 5 カ月目のことだった。これで私と 3 人組は舞い上がってしまった。不動産の深みにハマってしまったのだ。

この売り主を引っ張ってくるまでには、鈴木実の 3 カ月におよぶ粘り強い交渉 persistent negotiation があった。彼は若いころ殖産住宅の支店長まで務めた男だった。独自の人脈を持ち、業界慣習や取引事情にも精通していた。交渉には様々なカケヒキ bargain があるのだが、これは不動産のプロでなければ絶対にできないものだった。

そのころ私は、完全に不動産ブローカーになっていた。業界の専門用語 jargons も覚えたし、取引の段取り initial setup や必要資料もすべて揃えることができた。取り扱った物件は 100 件を超すだろう。

都心の土地の相場 market price もほぼ見当がつくようになっていた。

京橋図書館や港図書館に行って、業者が使う大型の住宅地図をコピーし、物件概要書に添付した資料を作成していた。自宅には銀座、赤坂周辺の詳細な地図のコピーを揃え、どこの物件が出てもすぐ物件名と場所を割り出せるよう準備していた。

ハメられた？　6カ月の苦労が水泡に！

「銀座5丁目」のネタは鈴木が引っ張ってきた。そのため、彼はこのビルを仕上げるため執念 obsession を燃やしていた。銀座は、大手信託銀行の預かり物件だったのである。

最初、買い主がついていると門前払い turn down にされた。それに懲りず鈴木は1週間おきに売れたかどうか確認の電話を入れていた。その執念に根負けして銀行が会ってくれた。

その日、私と鈴木は銀行に行き担当課長と主任に会った。私はC社の資料と「買い付け証明書」を提示し、代理人 agent として正式に申し込んだ。この証明書は契約書ではない。あくまで買いたい意思があることを伝える書類だ。立花は証明書を渡すとき、「買うと決まったワケじゃないからね」と念を押した。

「でも99%ひっくり返ることはありませんよ」

しかし、銀行の若い主任 head はキッパリ取引を拒絶 refuse した。まだ信用がなかったからだ。とはいえ、銀行が証明書を確認 check しただけでも、一歩前進 one step further だった。ダメモトで押した鈴木の執念が通じたのは、それから2週間後だった。本命の会社が21億円用意できなかったのである。不動産取引ではよくあることらしい。

そして、銀行側が正式にC社に売却してもいいよう、ビルオーナーの承諾 agreement を取りつけた。内覧会 private view が1月半ばに決まった。いよいよ大詰めの直接交渉である。立花がビルの内部や建物の構造を確認して気に入れば、後は契約を待つだけ。21億円の取引成立 done-deal。われわれの仲介料は6300万円。1人の取り分は1575万円。6月以来の苦労が報われるときである。

実はそのとき、私には一抹の不安 touch of uncertainty があった。内覧会で銀行と立花を引き合わせる。そうすると、ブローカーの役割は完全に消滅 cease to exist するからだ。言うまでもなく、売り主と買い主が直接取引 direct dealing すれば、仲介料や手間暇も必要なくなり、安上がりになる。そうした抜け駆けが日常的に行われているのだ。

私は、2カ月ほど前、信託銀行に直接乗り込むことを立花に伝えたときの彼の反応 response が気になっていた。そのとき立花はこう言ったのである。

「大丈夫？　信託のやり方はキタナイよ。ヤツラ、ブローカーなんか飛ばしちゃうよ」

その日、私たち一行は銀座5丁目ビルに集合した。立花、信託銀行の課長と主任、私、鈴木、管理会社社員の総勢6名である。

銀座5丁目ビルは、中央通りのレストランパブ「ライオン」の裏手にあり、地下鉄銀座線から徒歩5分。オフィス環境としてはバツグンだ。

ただ、ここの難点 problem は土地が105坪と狭く、建築後40年以上経っており、建て替えて新しくオフィスビルを作るしかないことだった。それが売却条件 condition for sale の1つとなっていた。瑕疵《かし》担保条項（キズ部分は売り主が補償）は付かないから、その分の資金負担が重くなる。

坪単価は2000万円、総額21億円である。当時、中央通りなら、坪7000万円でも売りに出されたらすぐ買い手がつくと言われていた。銀座の地価 land price はジリジリ上昇している。しばらく寝かしておき、坪2500万円で売っても、5億円の差益がでる。実際、近くの物件でもっと高いのが出廻っている。それを考えると割安物件といえそうで、C社が買わない手はないと思われた。

ビルの中に入ると、内部は相当傷んでいるようだった。天井が異常に低く圧迫感 feeling of pressure さえあった。6階の広いフロアに行くと、窓際の床に継ぎ足したような工事跡が見えた。

「あれはなんですか」

と、立花が聞いた。

「30年前フロアを広げたようなんですよ。銀座の人口が急増してオフィスが足りなくなったそうで」

「どんなに使われますか」

と、課長が聞いた。

「まだ決めてないけど、使えそうならしばらく使おうと思っているんですよ」

「それはちょっと厳しいかもしれませんね」

「古くてムリかもね。なかの電気配線はどうなっているのかな、設計図や配電図なんかもらえるの？」

「それは後で詳細資料を一式お届けします」

と、主任が答えた。

内覧後、C社と信託銀行の直取引 direct bargain が始まった。実際この段階になると、ブローカーの役割はなくなる。その後、資料の受け渡しなどの報告が立花から2、3度あった。その度に物件を買うのかどうか確認した。立花は、「いま業者にビルの設計図を引かせてる」とか「設計図の修正をしている」などと答え、いつまでもハッキリした回答 response がなかった。

契約書調印までには、まだまだ時間がかかりそうだ。21億円もの買い物だから無理もない、と思ったりした。鈴木は銀行の様子を探った。だが、こっちからも情報は出てこない。

その後、何度も立花の携帯に電話した。事務所に電話しても留守。忙しい男だったが、いままでは繋がった。やっと携帯に繋がったので銀座がどうなったか問い詰めた。

「う〜ん。ちょっとね。すぐかけ直すから」

と立花は短く答えた。だが、その後、立花との連絡は取れなくなった。

C社とは契約書1枚とり交わしていなかった。宅建の資格 license もないシロウトは立場が曖昧 uncertain である。私がC社の正式な不動産関係コンサルタントだと立証 prove するものは何もない。ヘタに動くと宅建業法違反となる。裁判 lawsuit を起こす資金もない。朱色の社判が捺された買い付け証明書だけが手もとに残っている。

「立花にハメられたのか？」

この期におよんで我が身のふがいなさを悟るしかなかった。私は「奇跡」にすがっていたのだ。溺れる幼児が1本のワラにすがるように、銀座の土地などという、常識を超えたものに手を出したのが運のツキだった。

不動産のプロだって万に１つの大バクチ。それなのに身のほどを知らないとでも言おうか。しかも、僥倖《ぎょうこう》にも手の届くところまで近づいた、と幻想にハマってしまった。これじゃあ、経営者ではない。社長失格、先見力ゼロ、破滅するのが当然である。

引き返す場面は何度だってあった。六本木の土地で不動産の底深さを見せつけられたこともあった。その時点でキッパリあきらめ本業に戻っていれば、キズは浅かった。

だが、不明な点はトコトン追い求める。納得しなければ諦めない。そんな一本気な“記者根性”がアダとなった。きっともっといい物件がある。それを突き詰めてから……。そんなつまらない思いこみで、私は泥沼に落ちていった。

引き際さえ潔ければ、再起の道も拓かれるというものだ。だが、私にその決断力はなかった。ズルズルと深みにハマってすべてを失った。借金総額約2000万円。もう失うものは何もない。

どんな事業でも会社でも、「虚」と「実」がある（There are two sides to everything.）。１円でも多く利益profitをあげるためには、仕方のないことだ。それはコインの裏表のようなものだ。またその虚実がなければ、ビジネスなんておもしろくもない。すべてを失ったときは茫然自失となったが、いまはちょっと冷静になって、そう考えている。

Chapter 7
第7章

ベンチャーにはだかる4つの「抵抗勢力」
Four Forces of Resistance to New Ventures

“抵抗勢力”に立ち向かったホリエモンのアキレス腱

いま、ニッポン放送・フジテレビ買収で、800億円ものカネを動かすライブドア社長の堀江貴文が、「有限会社オン・ザ・エッヂ」(現ライブドア)を創業startしたのは1996年4月だった。資本金start-up costの500万円は、東大在学中につきあっていた恋人の親から借りたものだという。

その彼女と別れて結婚したのが、1999年暮れのこと。株式上場寸前の最も忙しいときである。「できちゃった結婚」だ。しかし、その結婚生活も2年半で破局break-up。“上場企業社長”ともなると超多忙な生活になり、離婚divorceのモトになったのだという。いま前妻は雪深い秋田の実家に身を寄せ、時給620円のパートで働き一粒種の5歳の息子を育てているという。

堀江が数百億ものカネを動かせるようになったのも、別れた妻の内助の功 support of his wife があったろう。それで思い出すのは、これも世間を騒がせている西武王国の創業者、堤康次郎の妻たちとの別れ方である。

堤康次郎の事業は3人の女性が支えた。文、操(清二の母)、恒子(義明の母)の3人。この稀代の乗っ取り王 king of take-over も、妻たちと別れる際に骨肉の争いがあったものの、顧問弁護士 layer を使って手厚く処遇 warmly treat している。つまり「情の人」だったのである。現代の乗っ取り王の堀江貴文には、堤康次郎に通じる「情」があるのか。その点が、乗っ取りが成功するかどうかのカギであろう。

2000年4月6日、この人を食った社名の「オン・ザ・エッヂ」(崖っぷち)は、東証マザーズに上場 go public する。そのときから、社名どおり、堀江貴文の人生を賭けた闘い survival game が始まったのである。

当時、夕刊フジ(フジサンケイグループ)は、マザーズ上場の狙いをこう伝えている。半袖のポロシャツにジーパン、裸足にサンダル履きという、くだけた格好で取材に現れた「ホリエモン」。この長髪の27歳の野心満々のベンチャーは次のように語っている。

《これからますます競争が激しくなる業界で生き残るには体力がないと。博打と同じで資金的にヤバくなると守りに入ってしまうけど、金を持っていれば勝負ができる。それに、僕らの仕事は裏方で目立たないから、(株式上場によって)新聞に毎日社名が載るのは営業面から見てもメリットがある》(『夕刊フジ』2000年9月5日付)

ホリエモン節の面目躍如だ。堀江の株式分割 stock split を繰り返してＭ＆Ａ資金を調達 collecting する手法を批判する向きもあるが、上場して体力をつけたかった彼にとって、すべてが「想定済み」だった。また、出身地の福岡から東京大学に入った経緯 reason についてはこう発言している。

《別に東大に入りたかったわけではなく、田舎の閉塞感から逃げ出したかった。東京の中心部にある国公立大学を探したら、東大しかなかったから……》

この「閉塞感」cooped-up feeling から逃げ出したかった、という言い方にも若者の本音 true intention が出ているように思う。そしていま、ニッポンの企業社会の閉塞感が、世界をめざす堀江にとって「敵」hostile と映っているのかもしれない。この抵抗勢力 forces of resistance に立ち向かう堀江貴文の言動は、不況にイラ立つ大衆 ordinary people を妙に納得させるだけの力があり、創業のときからずっとスジが通っている。

むしろ、テレビインタビューに答えるフジテレビ・日枝久会長の顔色と言葉が、毎日、クルクルと変わり、経営者としての動揺 a sense of panic が読み取れる。ハラがすわっていない。これは文字どおり、命を賭けた男と、大企業のサラリーマン社長との、気迫の違いだろうか。

創業資金の調達方法について、堀江はこう述べている。

《会社を経営していた仲間の親から 500 万円借り、100 万円出資してもらって当座の資金に当てた。借金は１年で返し、先日売却

された100万円（オン・ザ・エッヂ株）は20億円になったから（出資者に）恩返しができたんじゃないでしょうか》

ここでいう「仲間」とは元彼女のことか。それじゃあ、彼女の実家には20億円儲けさせたのか。時給620円のパートの前妻との違いが気にかかる。それよりオン・ザ・エッヂに投資 invest した100万円の元手 seed money が、たった3年で20億円に大バケした株式市場 stock market の驚くべき錬金術を前に、27歳の堀江は、株の凄さと怖さ power and terror をトコトン叩き込まれたことだろう。この鮮烈な原体験こそが、彼の企業戦略を解くキーワードになっているように思う。これこそ、ライブドアのM＆A戦略の核の部分 core を形成していると言って間違いないだろう。

だが、西武王国の崩壊が「株」であったようにライブドアの崩壊 collapse も、「株」がモトにならないと誰が予見できよう。将来、5歳の息子が“ライブドア王国”の堤義明にならないとも限らない。経営に「情」と「非情」は欠かせない。そのどちらかが欠けたとき、足元をすくわれるのだ。

「打ち出の小槌」に群がる“一獲千金”亡者たち

創業後のベンチャーにいい寄ってくる連中は、ズバリ「カネ儲けが目当てだ」と断言していい。大半 most of them が「自分の仕事に利用したい」「なにかを売りつけたい」「商品を奪いたい（ノウハウの盗用）」「会社を乗っ取ろう」——などの思惑 hidden intention で近づいてくる。

《話題のネットベンチャーの公募増資調達額》

社名	社長名・年齢	市場	調達額（億円）
楽　天	三木谷浩史（35）	ジャスダック	495
クレイフィッシュ	松島　　庸（26）	マザーズ	247
サイバーエージェント	藤田　　晋（26）	マザーズ	225
インターネット総合研究所	藤原　　洋（45）	マザーズ	109
ライブドア	堀江　貴文（27）	マザーズ	50
リキッドオーディオ・ジャパン	大神田正文（31）	マザーズ	26

出典：日本経済新聞

「この人はオレの味方だ」、「オレに力（金）を貸し会社を大きくしてくれそうだ」などとお人好し naively honest にも考えないことだ。それを保証するものはどこにもない。

それにしても、1999年12月、日本にベンチャー市場が誕生して以来、ベンチャー企業は本当に“カネを生む木”となった。創業わずか1、2年の会社が株式公開して、数百億円もの莫大な資金 huge fund を調達する“打ち出の小槌”。ここに、20～30代のヤル気満々の若手経営者たちが群がり、大金を掴んだ。

たとえば、楽天の三木谷浩史社長など2000年4月、創業後たった3年で店頭公開し、公募増資で495億円の資金を調達した。当時、楽天の売上はわずか11億円。それが売上の44倍もの資金を掴んだのだ。三木谷は日本興業銀行時代、M＆Aのプロだった。それでネットベンチャーや成熟企業を買収しまくり、“ベンチャーの雄”にのし上がっていくことになる。

クレイフィッシュも247億円（売上11億円、最終赤字）、サイバーエージェントも225億円（売上5億円、最終赤字）を調達している。ライブドア（旧オン・ザ・エッヂ）は50億円（売上4億円、最終赤字）だ。つまり、IPO（新規株公開）することで売上の

《ベンチャー企業の公開スピード》

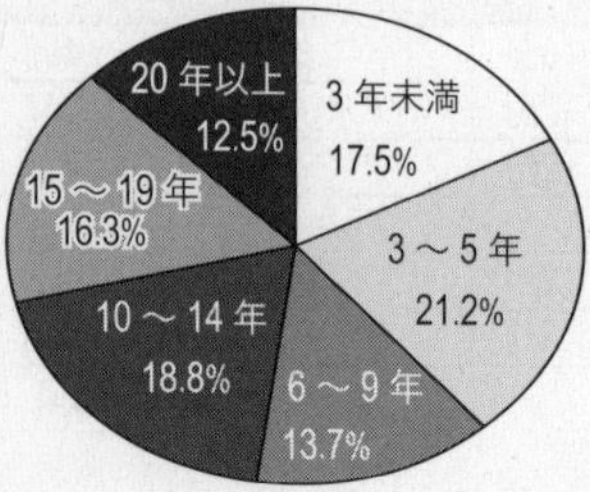

《ベンチャー社長の公開時の年齢》

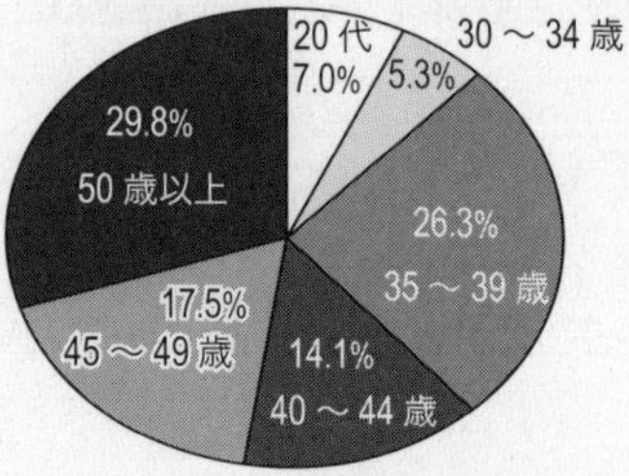

出典：東証マザーズ、ヘラクレス上場80社、筆者調査

10～44倍ものカネが、若いベンチャーの社長たちに転がり込んできたのだ。その巨額資金を元手にM＆Aに走って大ブレイクする人、カネを奪われたり、喰いものにされる人など明暗を分けている。

ベンチャー株長者も続々と誕生した。先の三木谷など創業者利益90億円を手に入れ、2001年の長者番付ではいきなり第2位に躍り出た。妻の晴子も32億円で23位となり、ベンチャー史上稀な“夫婦長者”となった。3位がソフトバンクの孫社長、インターネット総合研究所の藤原社長が19位だった。

この年の長者番付の100位のうち1割がストックオプション（自社株購入権）での利益だった。この体験からITベンチャーやネットベンチャーは、現代の「打ち出の小槌」、錬金術の道具だと誰もが悟ったのである。

上のデータは創業から株式公開(IPO)までの期間termだ。これをみると、4割ものベンチャーが会社を作って5年以内に公開している。楽天の三木谷浩史は3年2カ月、堀江貴文は4年と、ネット・ITベンチャーの大半が4、5年で公開go publicしている。しかも、社長は20～30代の野心に満ち溢れた若者たちだ。

ベンチャー市場ができるまで、株式公開は平均で25～26年かかっていた。ITベンチャーが登場するまで、公開は「起業家の一生の夢」だった。だが、それがアッという間に公開して何十億、何百億ものカネが入ってくる。そこに起業家 entrepreneur を狂わすワナ booby trap があったのだ。

【実例18】ネット・ベンチャーのクレイフィッシュ
→敗因●信用した相手にあっけなく乗っ取られた

2001年6月、光通信に乗っ取られて社長 president の座を追われたクレイフィッシュ元社長、松島庸《いさお》は「創業時に近寄ってきた連中は、みんなウサン臭い連中ばかりだった」と屈辱の体験を打ち明ける。

当時、松島は26歳、会社を作って5年目。できたばかりの東証マザーズに株式公開する直前だった。中小企業のネット支援のホスティングサービス会社として急成長、業績 performance はもちろん黒字 go into the black。クレイフィッシュは、まさに「カネのなる木」horn of plenty だった。そこでベンチャー漁りに血道をあげる光通信に目を付けられた。

「こっちは創業したばかりで、世の中のこともなにも知らなかったんです。それで資格を持っているとか、大きい会社で経験してきた、こんな人を知っているなどと言われると、つい信用してしまうんですよ。どうも話がウサン臭いな、と後になって気づくワケですが、そのときはもう切ってもきれない関係になっていたんです」

創業1、2年のころはなにかと人頼りが多いものだ。そこに落とし穴が待っている。光通信があの手この手を使って、クレイフィッシュ株を奪っていった経緯をここで見てみよう。

光通信が狙った資金180億円

当時、光通信はオン・ザ・エッジ（現ライブドア）、サイバーエージェント、リキッドオーディオ・ジャパン、アイ・シー・エフなど公開直前の名だたるネットベンチャーの株に次々と手を出していた。そのなかでクレイフィッシュ（クレイ）は株価 stock price も安く格好のターゲット easy target だった。

26歳で世間知らずの松島庸社長は、この乗っ取り劇を描いた著書『追われ者』のなかで、1年の死闘の末、光通信・重田康光社長の軍門に下った瞬間の心境 feeling をこう描いている。

《土曜日の朝。ようやく布団に入った10時頃に携帯電話が鳴った。誰だろう。「もしもし」と不機嫌な声で電話をとると、「重田です」という。寝ぼけていて、最初はわからなかったが、すぐ光通信の社長からだと気づき、布団の上にあわてて座り直した。正座だった。
「（株を過半数渡すことを）決断してくれたそうだね。一緒に頑張って、ガバーッとやろう」
重田は続けた。
「いいか、松島さん。ウチの子会社になったなんて、これっぽっちも考えるなよ。光通信の資本を増やすといってもあくまでもパートナーシップで、一緒にガッチリ組んでいこうということなんだ。経営者は、松島君であって、他の誰でもない。もし、ウチの誰かが親

クレイフィッシュは数少ないITベンチャーの成功例だったが、光通信の重田康光（右）に乗っ取られてしまった。左は、解任直後、記者会見する松島庸。写真：共同通信社（2点とも）

会社風を吹かせるような生意気なことをしたら、すぐに直接、僕に言ってくれ。ビシッとするから、僕が。対等な関係で、これまで同様、頑張っていこうよ」

私は素直に感動してしまった。光通信に騙されているのではないかという疑念は吹き飛んだ。一般の世間では、資本の比率が半分を超えれば、それは支配者の座を明け渡すことになる。が､重田康光という人物は、全く違う新しい考えをする人なんだ、と思ったのである》

重田康光は、なんと幼稚な詭弁 sophistry を使うことか。これはまるでガキ大将のケンカの理屈 logic だ。そのとき、この乗っ取りの手口が世間に公表 announce されるとは思ってもいなかったのだろう。携帯電話のなかの松島庸との2人だけの秘密として、暗闇 darkness に消えるものとタカをくくっていたのかもしれない。

いずれにせよ、松島の思い入れがトンデモない買いかぶりだったことが、次第に明らかになってくる。

松島と仲間3人で1995年10月に立ち上げたクレイフィッシュは、ネットベンチャーの数少ない勝ち組 winners だった。中小企業のネット支援を請け負う「ホスティングサービス」が実需 true demand を掴んでいたのだ。仕事量はウナギのぼり。毎月、倍々ゲームで増えていった。

ネット時代の黎明期 dawn of the internet period でスピード経営が必要だった。それで外部資本を導入し、成長 growth に弾みをつける決断 decision making をする。IPO を実現してアメリカ市場での展開を視野に入れていたからだ。

実際、その夢はあっけなく実現した。2000 年 3 月、クレイフィッシュは、東証マザーズと米ナスダックへ史上初の日米同時上場という離れワザをやってのけた。株価は暴騰し、247 億円を調達。26 歳の松島も 2000 億円の資産 asset を掴んだ。そしてマスコミの取材が殺到し、ネットベンチャーの寵児 hero of the IT venture に祭り上げられた。そんな人生の絶頂の陰での乗っ取り takeover bit だったのだ。

松島庸は、私のインタビューでその辺の事情をこう語った。

——外部資本導入で創業メンバーの間で意見の喰い違いもあったようですね。

「あのとき、外部資本を入れたこと自体に後悔はしていないんですよ。光通信の出資比率が 2% であればなんの問題もなかったんです。外部資本は興銀インベストメントがトップで伊藤忠グループが 2 位、光通信は 3 位でしたから。ただ、その後、あの会社に営業のすべてを任せちゃった。それで結局、株を 50% も渡すよう、脅かされる状態になってしまったんですよ。これはもう最大のミスですよ。そのときの私の決断は。それはやっぱり、盲目的に“光通信はいい会社だから信じちゃえ”という、荒っぽい判断がボク自身にあったんですよ」

——当時、光通信はマスコミの評判もよかったですからね。

「いまから考えると、世の中の基準やマスコミの評価を鵜呑みにした決断は、全部、失敗していますねえ。当時の光通信の評価は非常に高かった。“だからいいだろう”と自分の目と足で調べなかったんです。また、解任動議を受け入れたことも、財務担当役員が使えないのでクビにしようと思っていたのに、“常務が変わるのはよくない”と周囲に言われて１年ぐらい放っぽっていたんですよ。妙に世間を気にして、自分の判断をしなかったんですよ。これはやっぱり悔やみますよね」

——光通信は株主でしかも営業パートナー。今度のことは前代未聞の出来事ですね。

「実際、上場して調達したカネを狙いにくるヤツが出てくるんですよ。大株主だった人が自分の利益だけ考えて。当時、そういうことは小説の世界の話だとしか思ってなかったんです。それが実際に起きたんですよ。アメリカでは経験上、経営者側も乗っ取りとかが起きないよう、また起きたらすぐ訴えられるよう、法律も整備されているんです。ところが、日本ではそんなことが起きるなんて思ってないので、創業者たちは準備もなにもできていない。僕が体験したのは極端な例かもしれないけど、ああいう集団に狙われたら最後、ひとたまりもないですよね。確信犯なんですから」

——エンジェル（個人投資家）にもそれは当てはまりますね。

「じゃあ、エンジェルが裏切ったときどうするか。そのリスクも考えておかなければならない。日本では金を出したヤツが偉いんだっていう考えがありますよね。ホントは偉くもなんともないんですよ。それをみんなカン違いしているんです」

――フランチャイズ業界でも、契約書にハンコを捺したばかりに本部に縛られてアリ地獄に落ちた加盟店が多いんですよ。その道専門の弁護士や危機管理の専門家も少ないですからね。

「ベンチャー業界は無法地帯ですよね。とにかくカネが欲しいとか、法律に触れないなら何やってもいいっていう感覚の人がどんどん増えている。彼らのやりたい放題というのが、いまのベンチャーを取り巻く実態じゃないですか」

――営業力がなかったのも致命的でしたね。

「クレイの場合、営業を人頼りにしちゃった、そこに大きな落ち度がありましたねえ。光通信には営業の最強モデルができ上がっている、だからあそこに任せたら大丈夫。こう信じたのが失敗のもとなんです。営業をにぎられていたので、ヒカリ（光通信）さんから“ウチの要求を呑まなければ売りませんよ”と厳しい条件を突きつけられても、無条件降伏しか選択肢がなかったんですよ。最初は人に頼っていても、最後は営業もすべて自分たちの手でやらなきゃダメ。要はヤバくなってから“営業やらなきゃあ”という発想だったんです。あれは失敗でしたねぇ」

――法律的に対応できなかったんですか。

「クレイ社ではレベルの高い弁護士やアドバイザーを複数名雇っていたんですよ。その人たちに相談するのは会社の一部の人間だったんです。そこをまず攻撃されたんですね。ヒカリから1カ月に2通、3通とバンバン訴状が送られてきて、その対応に忙殺されてしまったんです。そのコントロールする法務部には3人しかいなくて。その中枢部が機能不全にされたんですよ。訴状攻撃で対応できなくなったんです。もう、戦争状態になってしまって。それで敗けちゃったんですよ」

——ベンチャーキャピタルの対応はどうだったんですか。

「興銀さんなどは最後まで頑張ってくれましたよ。でも、もともと銀行は性善説なんです、モノの見方や対応などが。幹部が光通信に乗り込んで行って、“こんなこと株主のためにならないからやめてくれ”とか、“再建案があるなら事業計画書を出せ”とかけあったんですよ。それに対してヒカリ側は、明日出す、明日出すとズルズル引き延ばす。そんなことわかってるんですよ、ヤツら確信犯ですからねぇ。それが日本の普通の銀行の限界なんでしょうね、それ以上なんの行動もとれないんですよ。日本の金融機関は、もともと戦争する、ケンカするって発想がないんですよ。そうすると、戦争のプロ集団と対峙したときはきわめて弱いんですよね」

——今度の事件で何を学びましたか。

「人は信用するな、信じてはいけない、ということですかねぇ。人間同士、一対一なら全面的に信頼するでしょうけど、株式会社の関係でも僕はそれがあると思ってたんですよ。株式会社も人間がやっていることだから100%信用しあう。でも、そういうことあり得ない。ベンチャービジネスなんかも、ゲームなんですよ。ルールがあ

《クレイフィッシュ乗っ取り事件の動き》

1995年10月
松島庸ら若者４人が渋谷のワンルームマンションでクレイフィッシユ社を創業する

1997年7月
興銀、伊藤忠、光通信、三井海上など６社のVCから投資を受け5500万円調達

1998年5月
光通信とヒットメール事業の販売で全面提携。営業部門を完全に光通信に依存する

12月
光通信の強力な“営業力”でホスティング市場でトップシェアの座を獲得する

1999年3月
興銀を追い抜き光通信の持ち株比率が過半数を超す。クレイ社が光通信の子会社へ

9月
売上高が前年比６倍の68億円を達成、専門家にも評価され株式公開の準備に入る

2000年2月
法人ベースでのインターネットドメイン名獲得数でNTTを抜き国内第１位となる

3月
東証マザーズと米ナスダックに史上初最年少26歳で同時上場、247億円を調達

6月
光通信によるヒットメールの架空契約事件が発覚。光通信との全面戦争が始まる

8月
クレイ社、光通信へ提携解消を打診。光通信、70億円で顧客を買い取れと要求

10月
クレイ社、光通信から35億円で顧客を買い取り提携関係を解消することで合意

2001年3月
松島庸の個人所有の株券1000株を詐取され社長辞任のキッカケとなる

4月
監査役が全員が辞任し、経営の迷走が始まる

5月
村上世彰のＭ＆Ａファンドが第３位の株主になる

5月
松島庸、株券を騙し取られた経営責任をとって社長を辞任

6月
臨時株主総会で光通信主導の体制が決まる

9月
光通信、公開買い付けでクレイ社の株３分の２以上を取得する

るゲーム。やっぱり、お互い戦うのがゲームなんですよ。そこで戦わないといって、１人白旗を上げる状態はいい人に見えるけど喰いものにされちゃう。周りじゃ、戦争やってんだから」

それにしても、「クレイフィッシュ乗っ取り劇」は、上場企業 listed company が上場ベンチャーの資産 asset を奪うために乗っ取り take-over を謀った、企業史上、前代未聞 unprecedented の事件だった。松島庸が去った後のクレイフィッシュの惨状 miserable state は目を覆うばかりで、優秀な人材は雲散霧消し、売上は日米同時上場のころの３分の１に落ち込んでしまった。

泥仕合のゴタゴタで、株式市場ですっかりダーティなイメージがついてしまう。１人の人間がカネに目が眩《くら》んだばかりに、一時、時価総額 current value で 5000 億円ともされていた会社の株が紙クズ同然 just paper になってしまった。そして世界に飛躍 jump up したかもしれない有望なベンチャーの芽を潰してしまったのだ。このことからも、光通信がクレイフィッシュの事業にまったく興味なかったことが明らかだろう。

ハイパーネットを倒産させた“護送船団銀行”の手口

続いて、成功ベンチャーを待ちうける「ベンチャー潰し」の手口 dodge に触れておこう。カネのなる木 golden thumb のベンチャーには、毎日、様々な誘惑 bait やおいしい話 sweet-story が持ち込まれてくる。それに乗ったワキの甘い経営者が倒産 breakdown に追い込まれている。

いまの日本のベンチャーの前には、4つの「抵抗勢力」four forces of resistanceが立ちはだかっている。つまり「銀行」bank「投資家」investor「大企業」big business「闇勢力」underworld powerである。この4つを撥ねのけるだけのバイタリティーと強靭な根性gutsがなければ、日本ではベンチャーとして大成できない。むろん、このなかで「闇勢力」以外、いずれもつきあい方次第では敵にも味方にもなる両刃の剣double-edge swordである。

まず、「第1の抵抗勢力」である大手銀行mega-bankにもみくちゃにされた代表例が、ネットベンチャーの雄、ハイパーネット（1991年設立）だ。

【実例19】ネット版テレマーケティング
→敗因●銀行から借りた20億が、いきなりの貸し剥がし

インターネット草創期の1996年、同社は世界に先駆けてas a pioneer、ネットと広告を結びつけた「ハイパーシステム」を開発し、一躍、脚光limelightを浴びた。マスコミの評判を呼び、銀行を中心に30億もの資金が集まった。しかし、2年後、37億円の負債debtを抱えて自己破産した。その陰でなにがあったのか？

社長の板倉雄一郎は典型的な起業家タイプ。高校時代からコンサートを主催stageしカネを稼いでいた。高校を出て19歳でゲームソフト会社を起こし、22、3歳で年収2000万円。ドイツ製の高級外車を乗り回し、家賃30万円のマンションに住んでいた。おもしろい事業アイデアを思いつき、即、行動。人マネmimicが嫌いで目立ちたがり。

その後、いくつかの変転processを経てエンジェルを見つけ、27

歳でハイパーネットを設立。自動音声応答装置を考案し、電話アンケートシステムを事業化 get in operation した。テレマーケティングのネット版である。電通が顧客 client になり、ベンチャーキャピタル最大手のジャフコから出資 invest が入った。そして大躍進 quantum leap 間違いなしという時期に、住友銀行丸の内支店からいきなり2億5000万円の融資がおりた。

　融資が決まった瞬間を彼は著書『社長失格』でこう描いている。

《(住友銀行丸の内支店長の) 国重さんが突然口を開いた。

「いくら必要なんだ？」

　予期せぬ反応に、ぼくは反射的に答えた。

「作るだけなら3億、事業化するには最低5億、予期せぬ問題の発生も考慮すると10億です」

　とっさについて出た数字である。もちろんしっかりした事業計画などこの時点ではなかったし、いきなりそういった質問がくるとも思っていなかった》

　それまで銀行融資の最高は3000万円だった。それがひとケタ違う2億5000万円がいとも簡単に実行された。それを機に都市銀行、ベンチャーキャピタル、リース会社と堰《せき》を切ったような融資ラッシュが続いた。金融機関融資説明会を開くほどだった。

　板倉も銀行の巨額融資を不思議に思わなかった。

「もし担保や過去の実績を重んじるのであれば、この場から帰ってください。ハイパーネットには担保もなければ､過去の事業実績も､今後のビジネスに比べればないに等しいのですから」

説明会でそう啖呵《たんか》を切ったのだ。

当時、1970年代、1980年代に続く第3次のベンチャーブーム。住友銀行のお墨付き practical endorsement でほかの銀行がどっと群がった。それまで数千万円の借入れだったハイパーネットに、1996年に銀行20億円、リース10億円ものカネが集まった。「住友が動いた」という“事実”を頼りに、ほかの銀行が追随 follow したのだ。銀行までいかにベンチャーでの一獲千金 get-rich-click に狂奔していたかを示すエピソードである。

板倉もまだ売上が立っていないのに深紅のフェラーリに乗り、彼女と2人で港区白金の180㎡の一軒家に住まう。家賃50万円。白金の邸宅に住む青年起業家を演出していたという。カン違いもはなはだしい。

住友銀行の審査 screening の厳しさは有名だが、当時はバブル IT bubble に酔っていたのだろう。だが、住友は危ない融資先からすぐ引き上げる“逃げの住友”としても知られていた。その予想は1年後に的中する。

ハイパーネットの評判 reputation は日に日に高まり、ビル・ゲイツ Bill Gates まで会いにきた。そのときが絶頂期 peak だった。「ハイパーシステム」はニュービジネス大賞、通産大臣賞をダブル受賞した。アメリカのベンチャー市場「ナスダック」NASDAQ への上場も準備された。

しかし、ハイパーシステムの売上が予想どおり上がらず、風向きが変わってきた the wind shifted。住友銀行の態度 attitude が急変し、その後の貸し剥がし credit withdrawal の渦に巻き込まれるのだ。

この年、大手銀行の貸し剥がしによるベンチャーの倒産件数は

72件で過去最悪を記録した。ヒットソフト「ぷよぷよ」で有名なコンパイル（広島市）、ゲームソフトのグラムス（東京）、自動車用品販売のグランプリ（山口市）などの有力ベンチャーが相次いで倒産している。すべてが銀行融資に頼った失敗だった。

こうして、ITの寵児となったハイパーネットは倒産 go under した。当時はいまのようにベンチャー市場がなく、どうしても銀行融資 loan に依存 depend on せざるを得なかった。ベンチャー市場の東証マザーズが誕生する、1年前の出来事だった。ベンチャーの資金調達が銀行を中心とした「間接金融」indirect finance から株式市場の「直接金融」direct finance に変わる、まさに前夜のことだったのである。

創業資金を出した夫婦が“ベンチャー喰い”だった

続いて「第2の抵抗勢力」である投資家 investors（angels）はどうか。

【実例20】システム開発のネットベンチャー
→敗因●持ち株比率が低すぎた

3年前に創業した渋谷のITベンチャーのA社は、大株主に裏切られて倒産ギリギリまで追いつめられた。一番苦しいとき、自社株 company's own stocks を600万円で買い取るハメになったのだ。

若いB社長（29）は創業時、資本金1000万円のうち300万円しか準備できなかった。それで仕事で知り合った健康食品会社を経営するC夫婦（40代後半）に、700万円出資してもらった。返済 pay back は出世払いという約束だった。

額面5万円の株の出資比率 investment ratio は、B社長25％、C夫婦（取締役）70％、同僚で共同創業者 co-founder のD取締役（27）が5％の構成。B社長とD取締役2人合わせて持ち株比率 ratio of the stock holding が30％。これじゃあ、経営権 management right など握れない。会社の実印も2つあって、重要案件はC夫婦との合議制だった。借金するのも契約書にハンコを捺すのも、すべてお伺いを立てなければならず、即断即決 snap decision ができなかった。ストレスも溜まった。

B社長とD取締役は上場システム会社出身の優秀なプログラマー。B社長はサラリーマン時代、数億円のプロジェクトをこなすリーダーも務めていた。だが、職人肌artisanで営業が弱い。そこでCが、「オレが客を引っ張ってくる」と営業を面倒みる約束で会社を作ったのだ。

ところが、Cの営業力はホームページを取ってくるのがせいぜい。儲けが大きいシステム案件など取ってくる知識もノウハウもなかった。もともと、C夫婦とITビジネスは水と油 oil and water だったのだ。

創業2年目に、Cが愛人を作って売上金を横取りし始めた。売上は伸びず、「オレの言うことを聞け」「約束が違う」という、主導権争い leadership struggle のドロドロの関係 ugly relationship がしばらく続いた。こうなると会社経営どころではない。そのときC夫婦は離婚していたが、どっこい、ウラでは株で繋がっていた。

そのうち、「株を手放すから1000万円作れ」と、元夫婦の脅迫 threaten が始まった。金を作らないと会社を潰す、と脅し始めたのだ。その1000万円を慰謝料 palimony にあてる考えだった。いつも台所は火の車で、カネに余裕がないことを知っているはず。それでも借金してでも作れ、と押しつけてきた。

お坊ちゃん育ちのB社長では解決 solve できなかった。そこでコンサルタントが間に立って、やっと600万円で和解 settle できた。そのため街金融 loan shark に手を出し、A社の資金繰り cash flow は一気に悪化していった。

C夫婦は、典型的な“ベンチャー喰い”だった。出資して役員報酬だけ取りたいと考えていたのだ。後でわかったことだが、ネットベンチャーにも出資 invest していた。出資先の基準 criteria は、「20代経営者」「出資比率5割」「IT関連」――と決めていた。その意味で、B社長は格好のターゲットだった。そんなエンジェルまがいの投資家も、低金利 low interest のいまは増えているのだ。

中島章智弁護士（前出）も、ベンチャー関連の訴訟 lawsuit では株にからんだゴタゴタが非常に多いと話す。「ヘタに他人に出資を仰いで持ち株比率を間違うと、乗っ取られるか喰いものにされる」と警告 alert する。

「社長なのに持ち株比率が4割未満というケースが、若いベンチャーの社長には結構多いんですよ。まず、全株式の3分の2を持っていなければ、社長とは呼べないでしょうね。なぜかというと、新規に増資する場合には、出資者に比例配分で支えてもらわなければならないからです。それを崩すには3分の2の議決が必要なんです。だからこのとき3分の2の株を持ってないと、第三者に一挙に支配権を奪われることがあるんですよ。あと定款の変更も3分の2、取締役の解任も3分の2、会社経営の重要な議決権はすべて3分の2の株主の同意がいるんですよ。だから株は、本当に信頼できるごく少数の人に持ってもらうことが大事でしょうね」

ベンチャーの時代とはベンチャー受難の時代でもある。株の持つ意味 true sense of stock に気づかない「起業バカ」は、後でとんでもない煮え湯を呑まされることになる。

200社が乱入した“カンキョー”イジメ

ベンチャーが切り拓いたニッチ市場には、後から大企業を中心にした既存勢力 existing powers が参入し、猛烈な乱売合戦となる。自由競争 free competition とはいえ、これも露骨なベンチャー潰しの手口の1つだろう。

【実例21】環境ベンチャー
→敗因●業界からの予想を超えたイジメにあった

ベンチャーの旗手、「カンキョー」が1998年に倒産に追い込まれたウラには、大企業を中心としたこの“業界抵抗勢力”の動きがあった。空気清浄器「クリアベール」の大ヒットで、一躍脚光を浴びた環境ベンチャーの「カンキョー」は、小松製作所を脱サラした藤村靖之が起こしたハイテクベンチャーだった。藤村は大阪大学大学院基礎工学研究科の博士課程 doctoral course を修了した研究者。小松製作所（現・コマツ）の研究室長を経て1984年に脱サラしたのだ。

最盛期 peak の1997年には売上高102億円、経常利益6億円を達成した。このブームを追い風 tail wind に1999年には株式の店頭公開 over-the-counter を果たして資金調達し、軌道 right track に乗るはずだった。

藤村が開発した「クリアベール」は、空気中にイオンを放出 emit してホコリを帯電させ装置内の紙に吸着させるという、独創的なアイデアだった。従来の吸引式に比べ、音が静かで消費電力 power consumption も少ない。このため、カンキョーは医療現場やアレルギーに苦しむ患者のニーズを掘り起こし、一時、年間200万台も売り上げるトップブランドに躍り出た。

だが、この独創的 unique な技術にストップがかかったのである。特許の取得に4、5年かかったのだ。これが体力のないカンキョーには命取り death blow となった。特許の引き伸ばしにも、業界の圧力 pressure があったと囁かれている。

この間、大手電機メーカーを中心に200社もの企業が参入、追随品を投入して熾烈 fierce な乱売競争になった。安値品が横行し収益を圧迫した。そのうえ、イオン式清浄器の性能に業界団体 industry association からクレームがかかったのだ。

大手メーカーでつくる業界団体が、「業界基準で検査すると性能面で劣る」という、検査結果を突きつけてきた。この「業界基準」とか「業界常識」とかが、急成長ベンチャーを叩くイジメである。

結局、こうしたカンキョーバッシングでクリアベールは市場から締め出されて kick out いった。工場を持たない「ファブレス経営」も、アダとなった。攻め offense には強いが、売ることができない在庫品 inventory が負担 burden となったのだ。

ベンチャー登場の意義は、技術や新商品による業界の改革 revolution にある。しかし、行政側も法律 law や規制 regulation で参入障壁 entry barrier を作っている。既存業界には慣習やオキテの壁が存在して、ベンチャーの活躍 uprising を阻んでいるのだ。

闇勢力につけこまれる上場ベンチャーの弱み

上場ベンチャーで闇勢力 underworld に牛耳られた例は、「マザーズ上場第1号」のリキッドオーディオ・ジャパン（東京、現ニューディール）の例があまりにも有名だ。

【実例 22】リキッドオーディオ、デジキューブ……
→敗因●暴力団との親交や嫌がらせ

同社は創業以来、ずっと赤字 loss が続き、いまも売上高は4億円前後しかない。悪いイメージを消すため社名を2回変更し、設立7年だというのに社長が4人も交替 replace している。そこで2004年から新体制で再スタートを切っているが、前途多難である。

リキッド社は、ネットやコンビニの専用端末 dedicated terminal でデジタル音楽を配信する事業でスタートしたが、当初から実態がなかった。直後から大神田正文社長（当時）と暴力団 mob との関係が取り沙汰されたり、役員の監禁事件で逮捕 arrest されたりと、迷走が続いた。

初年度半年の売上はわずか33万円。それが1221万円の株価をつけたわけだから、なんとも異常 abnormal である。もともとマネーゲームの対象だったのだ。これで大儲けしたのは、上場後、株を売り抜けた主要株主の光通信ぐらいだろう。

ゲームソフト販売のデジキューブ（2003年破産）も、事務所のドアに銃弾 bullet が撃ち込まれるなど前々から悪いウワサが立っていた。それが親会社のスクウェアに見放され、ついに破産

bankruptcyに追い込まれた。コンビニルートを押さえ、一時、500億近くの売上を誇っていたが、実態は闇勢力mobsterから利権がらみで圧力をかけられていたようである。この銃弾事件は、デジキューブのコンビニ販売ルートが、ヤクザ系企業gangster's companyの利権に踏み込んだための警告warningだといわれている。

出資金詐欺を引き起こしたプロバイダーのエムティシーティも、闇勢力に仕込まれたベンチャーと見られている。早川優会長をはじめ役員にM資金詐欺のメンバーがいたり、暴力団との繋がりが指摘claimされたりしていた。

その後もITベンチャーのメディア・リンクス（大阪市）、ソフト開発のアソシエント・テクノロジー（大分市）などのインサイダー取引insider tradingや架空取引false deal、粉飾決算accounting fraudが問題化している。

それにしても、なぜ、こうも上場ベンチャーの不祥事misconductが続発するのか。いうまでもなく、フロント企業を通じてベンチャーが闇勢力の資金源の対象にされているからだ。それはマネーゲームに走る若い経営者のワキの甘さにも原因がある。急成長ベンチャーこそ、危険なワナが待ち構えているのだ。

IPOの売却益とベンチャー売却益のダブルで稼ぐ

ライブドアVSニッポン放送・フジテレビのM＆A（企業の合併・買収）戦争で、TOB（株式公開買付け）が一般化している。2006年に会社法が改正される（予定）と、欧米並みのM＆A時代になるだろう。

ベンチャーはもちろん、地方の優良企業 excellent company や大企業 big company もウカウカできない。すでに 5 年前から“ベンチャー転がし”（会社の転売を狙った上場）や“ベンチャー喰い”（IPO株の売り抜け）がアメリカ並みになっている。

2004 年の M ＆ A 件数は 2200 件で過去最高 record-high を記録した。この 10 年、M ＆ A は一貫して右肩上がりの上昇カーブを続けている。投資ファンドも倍増し、アメリカだけじゃなく、中国がらみの M ＆ A も活発化している。

要は、ベンチャーに限らず、潜在力 potential を持つ日本企業は、いま買いどきなのである。2000 年以降、ベンチャーを資金と経営の両面から支援 support しようという、「インキュベーター」incubator（投資育成会社）が雨後のタケノコのように登場している。監査法人 auditor、ベンチャーキャピタル（VC）、経営コンサルタントと並び、いまやベンチャー支援産業の一角を占めている。インキュベーターを名乗っている会社は、おそらく 200 ～ 300 社ほどあるのではないか。

そのインキュベーターは大別すると、「金融支援系」、「経営支援系」、「オフィス支援系」の 3 種類に分けられる。金融系とはベンチャーキャピタリストや銀行・証券会社からの転身 turned で VC に近い仕事を行う。経営系は監査法人や法律・会計事務所、コンサルタントの転身組である。これは、投資資金を持った経営コンサル会社と見ていいだろう。オフィス系は、マンション開発会社や不動産会社からのニワカ転向組である。オフィス系のなかには、オフィスビル過剰の生き残りとして法律事務所 law firm や会計事務所 accounting firm と組んで新会社を立ち上げたところもある。もちろ

《過去 10 年のM＆A件数の推移》

出典：レコフ「M＆Aデータブック」

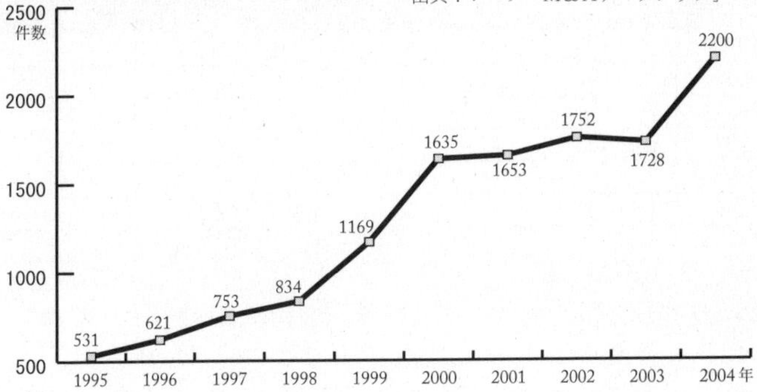

ん、自社でインキュベーション機能など持っておらず、ベンチャーブーム・起業ブームの便乗組 pickup だ。

金融・経営系の１つで、シリコンバレーから乗り込んできた外資系インキュベーターの 30 代副社長は、

「コンサルティング料など当てにしない。IPO 直前のベンチャー株をもらい、それをいかに高めるかが目的だ」

と日本上陸の狙いを話す。彼らにとって１、２年でどれだけ株価を急騰 skyrocket させ企業価値 corporate value を高められるかが勝負どころなのである。つまり、埋もれている未公開ベンチャーの“引き上げ屋”というワケである。

この会社の中国系アメリカ人の社長は、スタンフォード大学で MBA（経営学修士）を取り、アメリカで自分が立ち上げた公開直前のソフト会社を売却したり、携帯電話のプリント基盤メーカーを日本企業に売ってきたりといった実績 past record を持つ。その売却益で、彼は一生喰っていけるだけの金を掴んでいる。パートナーの

《ベンチャー３市場への新規株式公開件数の推移》

年	ジャスダック	東証マザーズ	ヘラクレス	合計
1999	73	2	0	75
2000	97	27	40	164
2001	97	7	43	147
2002	68	8	24	100
2003	62	31	7	100
2004	71	56	16	143

出典：東京証券取引所

副社長もスタンフォード大学の同級生。IBM出身のコンサルタント上がりである。

彼らのメインターゲットは株式公開を控えたベンチャーか、公開直後、業績がふるわなくなったベンチャーなどだ。狙っている業種は携帯電話関係や金融関係。とくに今後は、金融ベンチャーが有望だと見ている。１年間で5、6社ほどに投資していく予定。

「コンサル料などたかが知れてますよ。日本じゃIPO（新規株式公開）ばかり騒がれていますが、ボクらはIPOする段階から出口のことも考えているんですよ。つまり、投資した後のベンチャーの売却のことです。われわれは“IPO”と“会社売却”このダブルで稼ぐんですよ」

彼らのやり方は、創業数年のベンチャーから20％ほどの株をもらい、無償free of chargeで経営面のコンサルティングを行う。カネを出し、クチを出し、社長と一緒にアセもかく。だが、あくまでも経営参加participation in managementが狙いだ。投資額は１社あたり5000～6000万円。それが受け入れられない場合、コンサル料は月1000万円とバカ高い。

そうして育てたベンチャーが2、3年でIPOできれば大成功だ。仮にIPOできなくともベンチャーキャピタルに売り渡すのである。それで数億円から数十億円のキャピタルゲイン capital gain を稼ぐのだ。

こうしたインキュベーター兼ベンチャーキャピタルが、いま、どんどん増え続けている。ベンチャーの株式公開件数は、2004年は143件で、毎年、コンスタントに100～150件を数えるようになっている。このことで株式公開IPOを請け負う、ベンチャー育てのプロへの需要 demand が高まっている。VCとインキュベーター間のベンチャーの奪い合いが一段と激しくなっているのだ。

大学のベンチャー育成

一方、1、2年前から大学やビジネス専門学校もベンチャー育成に力を入れ、インキュベーション機能を強化している。日本経済新聞の調査 research によると、2004年までにインキュベーション施設を開設した大学は、47学校に上っている。将来、開設したい大学を入れると100校近くにのぼる。

《大学のインキュベーション施設の整備状況》

大学名	開設時期	入居企業数
大阪大学	2004年 3月	20
早稲田大学	2001年 10月	20
立命館大学	2004年 8月	20
信州大学	2002年 2月	19
龍谷大学	1994年 4月	16
高知工科大学	2000年 4月	15
東京農工大学	2003年 6月	14
岩手大学	2004年 4月	12
熊本大学	2003年 3月	12
岐阜大学	2004年 4月	10

(日本経済新聞社調べ)

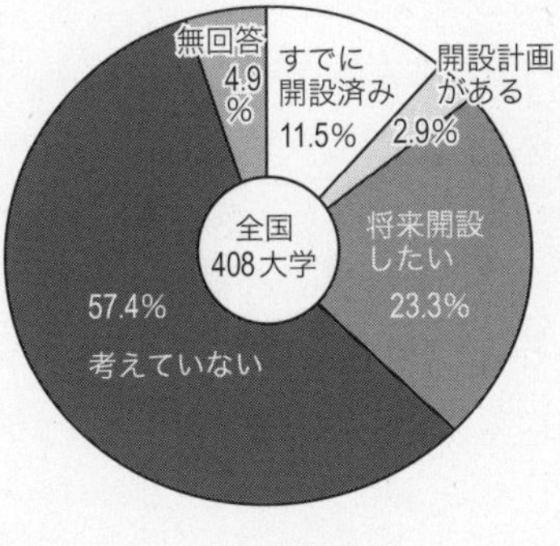

しかし、問題はウツワより起業家志望の学生をどう発掘 discover し育てるかだろう。そもそも、教える側にまともな起業経験者がいないのだから、ほとんど中身には期待できないと言わざるを得ない。

会社を作るのは簡単だが、10 年続けるのは至難のワザだ

私はここまで「起業バカ」について、私見 private opinion も交え、縷《る》々《る》語ってきた。しかし、起業自体を否定するつもりは、まったくない。むしろ、きちんとした技術 skill やノウハウ know-how があり、独自性 originality が高いビジネスなら、きっちりと起業し、世の中に貢献 contribute すべきである。その上で、カネが儲かるのなら、これほど素晴らしいことはない。

問題は、そうした裏付け backing もなにもないまま、ただなんとなく起業するバカが多いことだ。

東京・板橋区では、毎年、主婦や OL を対象に「女性創業支援セミナー」を開いている。これから事業 business を起こしたいという、初心者向け起業セミナーだが、2005 年も 30、40 代の女性を中心に 27 名が受講 attend した。主催者側の企業活性化センターでは、「3 年前から女性向けの起業支援講座をやっているが、今年もかなり反応がよかった」と胸を張る。

こうした起業支援・創業支援セミナーは、中小企業庁や厚生労働省、都道府県、市、商工会議所、商工会、NPO（非営利組織）などが主催し全国どこでもやっている。民間企業や大学、個人塾を入れると、その数は少なくとも 1000 カ所は下らないだろう。

だが、会社設立代行業の有賀一平は、

「とにかく最近の脱サラの人は事業に元手をかけない。お手軽な起業家たちが多い」

と苦言を呈する。要は事前にあまり資金と準備をしていないのだという。IT関係ならパソコン1台で起業start upできる。教育、介護、不動産、広告関係などもあまり資金がかからない。そんな先行投資がいらないSOHO（自宅起業）型の事業を始める人が多いという。

有賀はこの10年で6000社の会社設立を手がけてきた。そこで目立つのは、安易に脱サラして失敗するケースの増加だ。

その原因の1つとして、国をあげて起業ムードを盛り上げているが、その支援supportのやり方が中途半端lukewarmに終わっているというのだ。

「たとえば今度の1円起業では、株式会社でも取締役は1名でいいんですよ。資本金の制限もない。だから1人でも株式会社ができるワケです。それでみんな飛びついて簡単に会社を立ち上げている。でも国に払う登録免許税はきっちりかかります（有限会社で6万円、株式会社で15万円）。これは安くしていない。また設立後の法人税とか、創業後の優遇措置とかにはまったく手をつけていない。その辺も中途半端なんですよ」

もちろん、会社設立のハードルを低くするのは悪いことではない。むしろ、そうした規制緩和relaxation of regulationはどんどんやって欲しい。しかし、それと同時に古い制度old systemや法律lawなど参入障壁entry barrierの緩和をセットで断行しないと、起業後のヤル気とビジネスチャンスを摘んでしまう。ただ単なる「会社作りゴッコ」で終わってしまうのだ。

世間知らずのサラリーマンの失敗も多い。

「50代ぐらいの中高年サラリーマンは、いい時代を過ごしてきたので慎重じゃないんですよ。会社を作っちゃコケ、作っちゃコケする人が多いですよ。それで実際、1人で何回も会社を作りに来た人もいるんです。税理士の調査によると、会社を作っても10年持つのは全体の5%というデータがあるんですよ。100社できても5社しか残らないワケです」

日経新聞やビジネス誌にも、連日、起業を奨励 encourage したベンチャー礼讃記事が目につく。新聞は、スペースの制約で誰でも簡単に起業できるような薄い内容ばかり。資金集めや顧客開拓に這《は》いずり回るミジメな姿は見事にカットされている。仲間の裏切り betrayal、売上金の持ち逃げ、詐欺商法 fraud にあったことなども事件にならない限り書かれない。

書店のビジネス書コーナーにも、起業や金儲けをアオる指南本が平積みされている。堀江貴文社長の起業本など、どれもこれも大ベストセラーである。

しかし、いざ「起業」となるとお話の世界から飛び出し、現実になけなしのカネをつぎ込み、人生を賭けた大勝負 gamble of lifetime になる。いや、ホント、大袈裟《おおげさ》 exaggeration でもなんでもなく、気力、体力、金力をかけた崖っぷちの戦いなのだ。これはやってみなければわからない。

そんなお気楽な起業奨励本や礼讃記事を読むと、「これならオレにもできそう」「もっとうまくやれそうだ」と脱サラ予備軍たちは錯覚 misunderstand してしまう。とくに井の中のカワズの中年サラリーマンは、起業のキの字と無縁で生きてきた。だから起業礼讃記事や奨励本に乗せられても仕方ない。それが「起業バカ」がワナにハマる第一歩である。

米国のビジネススクールに学べ！

最後に下の図表を見ていただきたい。

これは、日米の起業年齢を比較したデータである。ここで注目すべきは、アメリカでは20代での起業が最も多い点だろう。29歳以下の起業を見ると、日本が約15%なのに対しアメリカでは約23%。しかも、アメリカでは大学で実践的practicalな起業手法を身につけ、卒業後、すぐ起業に突っ走る若者が多いのだ。エリートほど就職joining companyなど眼中にない。

そして、若者の起業をサポートする経験豊かなベンチャーキャピタリスト（プロ投資家）やインキュベーター（起業育成家）やエン

《日米の起業年齢の比較》

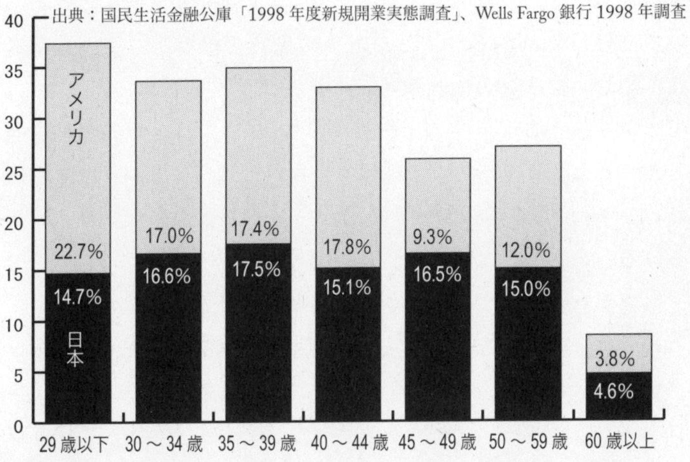

出典：国民生活金融公庫「1998年度新規開業実態調査」、Wells Fargo銀行1998年調査

ジェル（個人投資家）などの、ベンチャー応援の実務家の層が格段に厚い。挑戦者を歓迎する、社会風土 social climate もそれを後押し push している。

このアメリカのダイナミックなベンチャー支援・起業支援はビジネス・スクール（経営大学院）が先導役 usher を果たしている。9 年前、そのビジネス・スクールの様子を現地取材した『アエラ』は「シリコンバレードリームの旗手たち」（1996 年 6 月 10 号）のなかで、「シリコンバレーはまさに産学協同でつくられてきた」と指摘。ベンチャー起業家のメッカ、スタンフォード大学ビジネス・スクールの状況を次のようにレポートしている（引用は簡略にまとめた）。

《ビジネス・スクール卒業生が卒業直後の 93 年に創業したグリートストリート社は、ネットを使って誕生日、クリスマスプレゼントなどのカード発送代行サービスで急成長中だ。（起業講座を受け持った）ホロウェー教授の役割は、単なるアドバイザーにとどまらない。同社は外部から計 430 万ドルの投資を得たが、この一部は教授が紹介したベンチャーキャピタル（VC）からのものだ。

ビジネス・スクールの学生の 9 割は、「いずれ自分の会社を経営したい」と思っている。教授は学生たちにこうアドバイスする。

「VC から資金を導入せよ。そこからはカネ以上に大切なコネが得られる」

ベンチャーキャピタル数十社が文字通り軒を並べるのが、サンドヒル・ロードというオフィス地区だ。スタンフォード大のキャンパスから目と鼻の先、1 キロという近さ。こうした VC の 1 つ、メンロー・ベンチャーズでもパートナー 8 人のうち、6 人がスタンフォード大の卒業生だ。
「企業の経営トップも卒業生が多い。グッド・ネットワークだ」(マグナソン・VC資金運用責任者)》

このレポートは、アメリカではベンチャーの育成 cradling で大学が重要な「インキュベーション拠点」になっていることを示している。教授、学生、VC が実務的に繋がり、産学の人脈 network を利用しあって、ベンチャー育成に成果をあげているのだ。いくら日本の大学がアメリカをマネても、大学のすぐそばに VC が数十社もオフィスを構えることなど想像できない。

VC の役割 role も投資だけではない。重役会への参画、出資先ベンチャー同士の合弁事業 joint enterprise の立ち上げ、優秀な経営者の招聘《しょうへい》など、ベンチャーが伸びるためならなんでも引き受けている。エンジェルマネーを注ぎ込んでいるからだ。こんなことも日本の銀行系や証券会社系のベンチャーキャピタルでは考えられない。日本では、親会社の資金で実務経験 business experience が乏しいサラリーマンキャピタリストが運用しているだけだ。

ひと言で言えば、日本とは起業そのものに対する考え方も、社会風土も、社会システムも、まったく異なるのだ。それは天と地ほどの差 all the difference in the world としか言いようがない。

日米のベンチャー事情に詳しいモバイル・インターネットキャピタルの西岡郁夫社長は、
「結果平等主義にしばられてきた学校教育も変わるべきだ」

と指摘する。教育の現場で子供のころから競争の重要さ value of competition を教えてこなかったことが、人間の闘争本能や活力を殺《そ》ぎ、結局、起業力を弱体化させているという考えである。

西岡社長は、シャープの研究所長を経て世界最大の半導体メーカー、米インテルの日本法人の社長、会長を歴任。いまは大企業の経営者 OB たちと一緒に有望ベンチャーの育成に力を注いでいる。

「小学校の運動会で"徒競走"がなくなっていますねぇ。1位、2位、3位と順位をつけるのは差別だからダメ。だから、ヨーイドンと走らせて、みんな一緒にゴールインさせる。結果平等が本当の平等だと教育界まで誤解しているんです。重要なのは機会平等なのに結果平等とハキ違えている。これで才能の芽をつんでいるんですよ。日本の企業が、なぜ、こんなに悪くなったのか。結果平等だけを追いかけたからなんですよ。業績をあげてもあげなくても、昇給差は5%以内に抑える。これじゃ、企業の競争力はつきません。努力とか、才能とか、人間は多様ですよね。結果平等は人間の競争本能を殺します。恐ろしいことですよ」

結局こんなだから、日本でまともな起業など出来るわけもないのだ。数年前、私も「学生起業家」を取材 interview するため東京の有名大学を回ったことがある。そのときも起業家予備軍を探し出すのに非常に苦労した。「会社ごっこ」found-a-company play 程度ならやっているが、世の中に通用する事業 real business に取り組んでいる学生となると、本当に本当に限られている quite limited。

子供のころから競争 competition を禁じられたらどうなるか？　それは無菌室 germfree room で育った嬰児《えいじ》のようなものだろう。大学や社会に出てから即席に競争心をタタキ込んでももう遅いのだ。

前述の通り、最近、日本の大学でもビジネス・スクール（起業講座）の開設がブームになっている。しかし、これも少子化 falling birthrate が背景にあって、単なる大学の生き残り策 survival の１つでしかない。要は大学の人気取り grandstand play なのだ。

こんな授業を受けても、絶対にまともな起業家など育たない。無菌室で育った日本人に、社会の荒波 big wave なぞ、到底乗り越えられるわけもない。

そして、そうした自分の姿をきちんと認識 recognize することもなく、ただなんとなく「自分だけは大丈夫」と思って起業するのだから、失敗するのは当然 no surprise なのである。私はそれを「起業バカ」naive entrepreneurs と名付けた。だが、実際のところ、いまの日本人全員が「起業する力量も知恵もない」大バカなのではないか？　むろん、起業に失敗した自分が大きなコトを言えないのは承知 fully aware だが、しかし取材を重ねれば重ねるほど、私はその思いを強くせざるを得ない。

今後、おそらく日本の企業社会には、想定外の大地震や大津波が押し寄せるだろう。その事態を、無事乗り越えることが出来る人間、そして会社がどれほどあるだろうか？　私はいま、そのことを心底危惧《きぐ》しているのだ。

本書を読んだあなたは、どうお考えだろうか？　それでも「俺は大丈夫」――そう言いきれるなら、ぜひ起業にチャレンジしてほしい。それがこの日本をよくする最大のエネルギーとなるからだ。

そして、その自信がないのなら、下手な野望など持たず、虎の子を大事にしながら、ひっそりと生きていった方がよい。

★ Column 2

会社はこんなに潰れている

当たり前の話だが、どんな名門企業でも、創設当時は「ベンチャー」である。いま残っている企業は幸運にもこれまで潰れずに済んだだけで、普通の会社は、寿命が切れると消滅してしまう。

では、会社とはどれほど作られてどれほど消えていくのか？　下の表は、年代別の「企業の新規開設と閉鎖数の推移」である。一見してわかる通り、1980 年代中盤までは新規開業の数の方が多かったが、最近では解散の方が多くなっている。これを不況やバブル崩壊の一語でかたづけるのは簡単だが、私には、日本人のパワーの劣化としか思えない。

《企業の新規開設と閉鎖数の推移》

年代	開設数	閉鎖数
1979 ～ 81 年	295,998	191,146
1982 ～ 86 年	230,967	216,548
1987 ～ 91 年	189,776	215,024
1992 ～ 96 年	143,375	171,559
1997 ～ 99 年	184,557	276,730

出典：総務庁「事業所・企業統計調査」

では、これをベンチャーに絞ってみてみよう。

次の表はここ 10 数年のベンチャー企業の倒産推移である。意外なことに、ベンチャーの倒産は、全倒産数からすればそれほど目立っていない。それだけ古くから存在した企業の倒産が多いということだろう。

この数字を見て、俺にもベンチャーが出来るかも、と思うのは勝手だが、この数字には個人営業的な“半企業”は含まれていないのだから、勘違いしない方が身のためだろう。

《全倒産に占める割合》

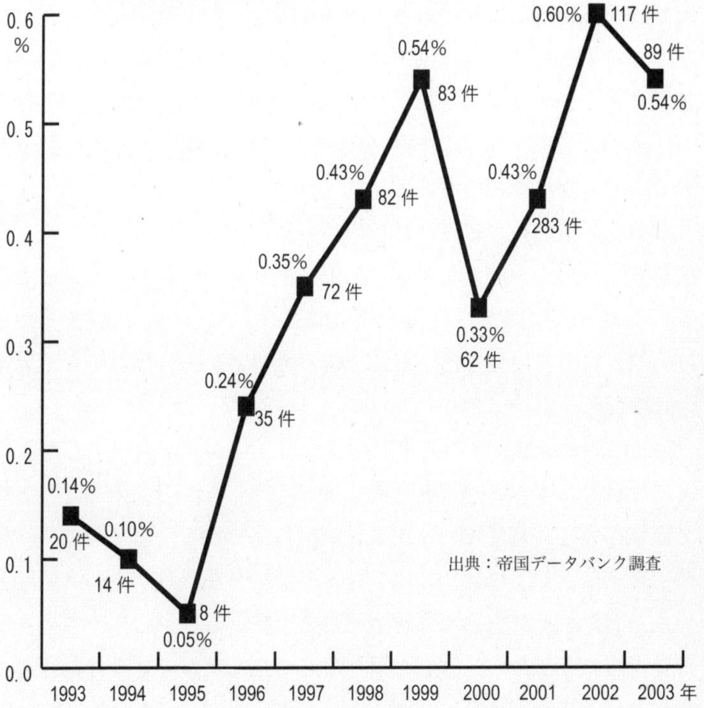

Afterthoughts
おわりに

脱サラの失敗は、多くの場合、「起業家」になり切っていない段階で挫折しているようである。経営者には、起業家タイプと実務家タイプの2種類がある。自らのアイデアでゼロから事業を起こす「起業家」と、その事業を引き継ぎ軌道に乗せて発展させる「実務家」の2種類である。何の訓練も準備もしていない脱サラは、中途半端で中ぶらりんなのである。

起業家と実務家の組み合わせのいい例が、よく知られるホンダの創業者、本田宗一郎（起業家）と藤沢武夫（実務家）のコンビである。この2人に関する著作を読んでみると、それぞれがまったく対照的といっていい性格と資質を持っている。それはおそらく天性のものだろう。

2人の活動を辿ってみると、小さな町工場からスタートして、ときに反目し、またときに涙を流すほど感動しながら、山あり谷ありで事業を大きく育てていったことが伝わってくる。つまり、事業（起業）を成功させるには、このアンビバレンスな資質が絶対必要だということだ。それを私流に解釈すると、経営者は自らのうちに、常に「天国（理想）」と「地獄（現実）」を抱え込んでいなければならないということである。失敗してドン底にたたき落とされてみて、初めてそのことが実感でき、見えてくるものだ。

世界をめざすベンチャーでも街のラーメン屋でも起業であり、経営である。理想を掲げながら足元の資金繰りに走り廻らなければならない。そこで重要なことは、自分が起業家タイプか、実務家タイプか、ハッキリ見極めることだろう。そうはいっても、自分で自分を評価することほど難しいものはない。私自身そうだった。応用問題は解けても、目の前の難題には冷静に対処できない。しかし、起業するからには、どうしてもそれをやらねばならないのだ。でなければ私のように失敗するのは明白だろう。

中高年脱サラはその切り替えができないのだ。サイバースクールジャパンの清水卓爾は、自分の失敗体験から資金も経験も人脈もある中高年が一番ワナにハマりやすいと話す。中年脱サラの心理を「不安と誘惑が背中あわせだ」と分析 analyze するのだ。そして中高年脱サラが成功するためのポイントとして、次の3点をあげている。

「第1に自分の資金とフットワークだけで始めるべきでしょうね。安易に人の助け船に乗ると、そこに落とし穴が待っているんですよ。レンタルオフィスなどを借りて余分なお金は使わない。できるだけ銀行からも借金しない。

第2は前職と違う業種や仕事を選ぶことです。前職の延長での起業は、やりやすい反面、結局、サラリーマン時代の発想や手法を引きずってしまうんです。なまじ会社時代うまくいっていたら、その成功体験にしがみつく、それで失敗する。要は安易に脱サラするな、ということですよ。

3番目には若い人と対等につき合うこと。若い人の力を借りなければうまくいかないんです。これも大事なことですよ」

いまニッポンは、かつてないほど起業支援、ベンチャー支援が充実している。過熱しすぎといっていい。それをどう使うかは、あなた自身の勝手だ。こうした過剰なベンチャー支援が、結局、「ベンチャー経営者を甘やかし、ベンチャーを殺す」と指摘する専門家もいる。私もどちらかというと、この意見に近い。

ベンチャービジネスやホンモノの起業家を見抜ける眼力を持った“目利き”が少ないのも問題だ。日本を代表するベンチャーキャピタリストで日本テクノロジーベンチャーパートナーズ代表の村口和孝は、「投資するかどうかの最後の決め手は、結局、人間性だ」という。つまり、その事業をやり遂げるだけの、ガッツがあるかどうかだというのだ。

村口は、世界をめざすハイテクベンチャーに１件当たり数億円単位の投資を行っている。その際、投資先のベンチャーの経営陣たちと何日も何日も徹底的に議論する。ときには議論が白熱して徹夜も辞さないという。技術論や商品論を納得するまで闘わせ、そのあげく、「人間」を見るしかないという。最後は、本人のガッツとか根性とか、ヤル気とか、一生懸命さにかかっている。つまるところそんな精神論しかないのだ。トップキャピタリストの言葉だけに含《がん》蓄《ちく》がある。それでも成功するかどうかはわからないのだ。

私は本文でも述べたが、起業自体は大賛成 can't agree more なのである。この沈滞した世の中を救うのは、間違いなくベンチャー企業だ。その新しい会社の芽を潰すことなく、そして社会全体がその流れを肯定していくことが、日本を救う道だと考えている。

だから、本書で私は何度となく「起業バカ」というののしり言葉 cuss を使ったが、それをふざけるなと思って、起業成功へのエネルギーに転嫁していただけたら、これほど嬉しいことはない。

そして、本書で書いた失敗事例 case study of failure のなかにこそ、成功のヒントと価値ある情報が入っている。その失敗例からわずかでも学んでいただければ、これもまた望外の幸せである。

最近出版された『なぜ顧客は逃げてしまうのか』という本に、「顧客を増やすための鉄則15カ条」が掲載されていた。そこから1つだけ引用させていただこう。

《顧客がお金を払ってくれるのは、良い気分になるためか、問題を解決するためである。あなたは、損をせずに済む方法か、トクをする方法を提案しなければならない》

要は顧客が何を求めているか、冷静に考えろ、ということだ。当たり前だが、このことは商売の基本 basic of business だと思う。世の起業本の多くには、「夢を実現する」などと、それこそ夢のようなことが書いてあるが、自分のことを第一義に考えた企業に、顧客などよりつくはずもない。

あなたの会社がいつも顧客 customer のことを考えていれば、おそらく業績はアップするだろう。使い古された言葉だが、やはりお客様は神様なのだ。この言葉は昔は当然のように使われていたが、最近ではとんと聞くこともなくなった。つまり、企業の理念 corporate philosophy が揺らいでいるのだ。

だからこそ、こうした基本をいつも胸にしまっておけば、あなたの興す会社の未来は、間違いなく明るいだろう。そして、それがいつしか、この日本を明るくするのだと、私は心の底から信じている。

本書をまとめるにあたり、光文社ペーパーバックス編集部の山田順編集長、小島良章氏には温かい激励とご指導をいただいた。とくに小島氏には出会ってすぐ本書のモチーフをいただき、“居酒屋編集会議”で何度も鋭いアドバイスとご指導を受け、テーマをふくらますことができた。それがなければ本書はこういう形で完成していなかっただろう。感謝、感謝。その後も原稿の遅れなどで大変ご迷惑をおかけした。

友人でベンチャー支援に汗をかいている経営コンサルタントの溝井伸彰氏にもお礼を申し上げたい。彼の支えがなければ本書を執筆することができなかった。長崎で独り暮らしをする老父、渡辺清にはただただ頭を下げるばかりである。

また取材や資料を提供していただいた多くの人にも感謝を申し上げたい。古傷を抉《えぐ》るような取材にご協力いただいた。最後に皆さんの再起を祈りたい。なお、本文中では敬称を省略させていただいたことをお許し願いたい。

そして最後にあなたの成功 success を祝して、私は筆を擱《お》く。

2005 年 4 月

渡辺 仁

References
主な参考文献および記事

浜田康行『日本のベンチャーキャピタル』日本経済新聞社、1996
スティーブ・ハーモン『ザ・ベンチャーキャピタル』ソフトバンクパブリッシング、2000
松田修一『ベンチャー企業』日経文庫、1998
太田肇『ベンチャー企業の「仕事」』中公新書、2001
日経ビジネス編『会社の寿命』日本経済新聞社、1984
今井森男『会社推理術入門』日本経済新聞社、1984
取違孝昭『騙す人ダマされる人』新潮社、1995
帝国データバンク情報部編『こんな会社は潰れる！』研修社、2000
三浦紀夫『倒産社長の告白』草思社、2003
本田宗一郎『俺の考え』新潮文庫、1996
藤沢武夫『経営に終わりはない』文春文庫、1998
城山三郎『燃えるだけ燃えよ』講談社文庫、1988
上之郷利昭『本田宗一郎の育てられ方』講談社文庫、1992
中嶋忠三郎『西武王国——その炎と影』サンデー社、2004
シドニー・フィンケルシュタイン『名経営者が、なぜ失敗するのか？』日経 BP 社、2004
畑村洋太郎『失敗学のすすめ』講談社、2000
柳井正『一勝九敗』新潮社、2003
鷲尾香一『企業買収』新潮 OH ！文庫、2002
板倉雄一郎『社長失格』日経 BP 社、1998
板倉雄一郎『失敗から学べ！』日経 BP 社、2002
松島庸『追われ者』東洋経済新報社、2002
山田真哉『さおだけ屋はなぜ潰れないのか？』光文社新書、2005
別冊宝島編集部編『ザ・会社倒産！』宝島社文庫、2003

中小企業庁編『中小企業白書』

国民生活金融公庫『新規開業白書』

『夕刊フジ』2000年4月7日「大塚英樹のがんばれビジネスマン」夢を追いかける男たち

『夕刊フジ』2000年9月5日「オン・ザ・エッヂ、堀江貴文社長、群を抜くシステム開発の技術力、田中暁子」

『噂の真相』2000年7月号

「ネットバブル崩壊に見るベンチャー企業を操る闇世界の人脈、山岡俊介」

『文藝春秋』2000年4月号「重田康光・光通信社長、世界最速の金ぴか道、有森隆」

『アエラ』2000年6月5日号「光通信“主演”の罪と罰」

『アエラ』1996年6月10日号「シリコンバレードリームの旗手たち、浜田陽太郎」

『ビジネスチャンス』2001年7月号「18兆円、FCビジネスの強さと弱さ、渡辺仁」

『週刊現代』2001年2月3日号「『ユニクロ潰し』業界・官庁の“汚い手口”を暴く！」

『経済界』2004年2月24日号「ジャパンメディアネットワークのモラルハザード、本間康幸」

『ジュリスト』1997年12月15号「ベンチャー育成への期待と問題点、秦信行」

『法律時報』2002年9月号「ベンチャー企業のニーズと商法改正、仮屋広郷」

『法律時報』2000年4月号「フランチャイズ契約の締結過程における情報提供義務、三島徹也」

『法律時報』2001年11月号「フランチャイズ契約における競合避止義務、三島徹也」

『法律時報』2003年2月号「フランチャイズ契約締結準備段階における売上予測、木村義和」

『エコノミスト』2004年10月12日号「増資後3カ月で倒産した環境ベンチャー、ESIの摩訶不思議」

『金融ビジネス』2005年1月号「なぜ上場ベンチャーに不祥事続出、高橋篤史」

『現代』2005年4月号「日枝久、堀江貴文、そして村上世彰、中川一徳」

Appendix
巻末付録

フランチャイズ契約を結ぶ前のチェックポイント 22

中小企業庁が制作した小冊子「フランチャイズ契約はよく理解して！」から、「中小小売商業振興法における契約書に係る記載事項」の全文を公開しておく。契約前に、以下の22項目を必ずチェックし、疑問点があれば問い質してみるべきである。

中小小売商業振興法における契約書に係る記載事項

※；H14改正での追加項目　＊；拡充項目

事　　項	内容／★ポイント
1．本部事業者の氏名及び住所、従業員の数 ＊（法人の場合は、その名称・住所・従業員の数・役員の役職名及び氏名）	★本部事業者の規模や事業の内容等を把握しましょう。
2．本部事業者の資本の額又は出資の総額及び主要株主の氏名又は名称、他に事業を行っているときは、その種類	
3．子会社の名称及び事業の種類 ※	
4．本部事業者の直近三事業年度の貸借対照表及び損益計算書 ※	★本部事業者の財務状況を把握しましょう。
5．特定連鎖化事業の開始時期	
6．直近の三事業年度における加盟者の店舗の数の推移 ※	ア．各事業年度末の加盟者の店舗の数 イ．各事業年度内の加盟店の新規出店数 ウ．各事業年度内の契約解除された店舗数 エ．各事業年度内に契約更新された店舗数及び更新されなかった店舗数 ★出退店数の把握はＦＣ事業の将来性等を判断するための材料となります。

7．直近の五事業年度において、フランチャイズ契約に関する訴訟の件数 ※	ア．本部が加盟者又は元加盟者を訴えた件数 イ．加盟者又は元加盟者が本部を訴えた件数 **★本部と加盟店との相互の信頼関係を判断するための材料となります。**
8．営業時間・営業日及び休業日 ※	**★営業時間は自分のライフスタイルとあっているか、休みはとれるのか、従業員を雇用する場合の採算性はどうなるか等十分相談しましょう。**
9．本部事業者が加盟者の店舗の周辺の地域に同一又は類似の店舗を営業又は他人に営業させる旨の規定の有無及びその内容 ※	**★テリトリー権が認められているのか、認められていない場合の近隣の出店計画はどうなっているのか確認しましょう。**
10．契約終了後、他の特定連鎖化事業への加盟禁止、類似事業への就業制限その他加盟者が営業禁止又は制限される規定の有無及びその内容 ※	**★契約終了後も、競業禁止や秘密保持義務などの側面からどのような制限がかかるのか理解しておくことが大事です。**
11．契約期間中・契約終了後、当該特定連鎖化事業について知り得た情報の開示を禁止又は制限する規定の有無及びその内容 ※	
12．加盟者から定期的に徴収する金銭に関する事項 ＊	ア．額又は算定に用いる売上、費用等の根拠を明らかにした算定方法 イ．商号使用料、経営指導料その他の徴収する金銭の性質 ウ．徴収時期 エ．徴収方法 **★ロイヤルティについてはしっかり計算方法・根拠を理解しておくことが大切です。**
13．加盟者から定期的に売上金の全部又は一部を送金させる場合はその時期及び方法 ※	**★オープンアカウントなど本部との相殺勘定・会計処理の仕組みが複雑な場合は納得するまで説明を受けましょう。**
14．加盟者に対する金銭の貸付け又は貸付の斡旋を行う場合は、それに係る利率又は算定方法及びその他の条件 ※	
15．加盟者との一定期間の取引より生ずる債権債務の相殺によって発生する残額の全部又は一部に対して利率を附する場合は、利息に係る利率又は算定方法その他の条件 ※	

16．加盟者に対する特別義務	店舗構造又は内外装について加盟者に特別の義務を課すときは、その内容
17. 契約に違反した場合に生じる金銭の支払いその他義務の内容 ※	**★どのような契約義務違反の場合にどのようなペナルティが課されるのか十分に確認しましょう。**
18．加盟に際し徴収する金銭に関する事項 ＊	ア. 金額又は算定方法 イ. 加盟金、保証金、備品代その他の徴収する金銭の性質 ウ. 徴収時期 エ. 徴収方法 オ. 当該金銭の返還の有無及びその条件 **★店舗が開店できない場合、加盟金等の金銭が返還されるかどうか十分確認した上で締結しましょう。**
19. 加盟者に対する商品の販売条件に関する事項	ア. 加盟者に販売し、又は販売をあっせんする商品の種類 イ. 商品の代金の決済方法
20．経営の指導に関する事項 **★十分な経営指導が受けられるか、説明を受けましょう。また商品の代金や研修等については、加盟店に負担が生じる場合がありますので、販売条件・受講料等についても十分確認しましょう。**	ア. 加盟に際しての研修又は講習会の開催の有無 イ. 加盟に際して研修又は講習会が行われるときは、その内容 ウ. 加盟者に対する継続的な経営指導の方法及びその実施回数
21．使用される商標、商号その他の表示	ア. 使用させる商標・商号その他の表示 イ. 当該表示の使用について条件があるときはその内容
22. 契約の期間並びに契約の更新及び解除に関する事項 ＊	ア. 契約期間 イ. 更新の条件及び手続き ウ. 解除の要件及び手続き エ. 契約解除の損害賠償金の額又は算定方法その他義務の内容 **★どのような解約にいくらの解約違約金を支払うこととなるのか十分に確認しましょう。**

Japanese-English Dictionary
キーワード和英辞典

本分中に登場するキーワードに添えた英語を、以下にまとめて掲載する。ただ、日本語と英語は背景も文化も違う言語なので、これらのうちのいくつかは、辞書的な意味での「日本語の英語訳」でもなければ、「英語の日本語訳」でもないことに注意してほしい。

【あ】

悪徳商法　scam
後始末　post-management
甘い見通し　overly optimistic prospect
甘い誘惑　sweet-talk
安定供給　stable supply

【い】

生き馬の眼を抜く現場　dog-eat-dog world
意識　mentality
意思決定　decision making
委託契約　consignment contract
一獲千金　fast money
違約金　breakup fee
インキュベーション（起業支援）　incubation
インチキ商売　fake business

【う】

内訳　breakdown
ウラ金　backdoor money
売上　sales
売れ筋商品　hot-selling line of products
運営方針　management policy
運転資金　operating money

【え】

営業　promotion
営業品目　business item
栄枯盛衰　ups and downs

【お】

お墨付き　practical endorsement
落とし穴　trap / booby trap/ pitfall
思い込み　illusion
思惑　hidden intention
親方日の丸　dependence on the government

【か】

外郭団体　affiliate company
回収不能　uncollectible
架空取引　false deal
確定申告　final tax return
確定申告書　tax-return form
貸し出し　lending
貸し剥がし　credit withdrawal
過信　over confidence

家族経営　family-run
価値観　values
勝ち組　winners
画期的　epoch-making
家庭崩壊　family breakdown
過当競争　severe battle
/ rat race in the business
カネのなる木　golden thumb
カネの亡者　money chaser
株価操作　stock manipulation
株式会社　corporate
株式公開　going public
株式公開(IPO)　initial public offering
株式分割　stock split
株主総会　general stockholders' meeting
加盟店（フランチャイジー）
franchisee
加盟料　entry fee
カモ　sucker / easy target
皮算用　estimation
甘言　birdlime

【き】
起業　start-ups / start-up a business
起業家　entrepreneur
企業価値　corporate value
起業家予備軍　reserve entrepreneurs
企業再生　corporate revitalization
起業支援、インキュベーション
incubation / support for start-ups
企業秘密　company secret
机上の空論　armchair theory
規制緩和　deregulation / relaxation of regulation
犠牲者　victims
軌道修正　course correction
基本料金　base price
気まぐれ消費者　fickle consumer
キャピタルゲイン（株式売却益）
capital gain
急成長　rapid growth
休眠会社　defunct company
業界団体　industry group
教訓　lesson
業績　performance
業績連動　linked to the performance
競争力　competitive edge
/ competitive power
共存共栄　prosperous coexistence
許可　permission（届出）
銀行融資　bank financing
金融機関　financial institution
金融商品　financial instrument
金利　interest

【く】
苦情　complaint
口約束　verbal promise
クレーム処理　claim management
黒字　surplus

【け】
経営危機　financial crisis
/ management crisis
経営計画　management plan
経営参加　participation in management
経済観念　sense of economy
経済効率　economic efficiency
経済失速　economic slowdown
経済状況　economic climate
経済成長　economic growth
傾聴　attentive hearing
経理　accounting
決算書　financial settlement
原価　prime cost / initial cost

権限　power / authority / right
建設的な意見　constructive feedback

【こ】
広告審査　pre-vetting of ad
公的資金　public fund
高度成長期　high-growth period
合弁事業　joint enterprise
合理化　rationalization
顧客　customers
誤算　miscalculation
個人口座　individual account
個人情報　individual information
雇用　employment/ hiring / job
雇用創出　job creation

【さ】
財界　business circle
在庫　inventory
財産　assert / property
再就職　rehirement
再編成　reconfiguration
債務超過　insolvency
詐欺集団　fraud ring
参入障壁　entry barrier

【し】
支援者　supporter
仕掛け人　trend-setter
自画自賛　self-applause
ジカ談判　direct bargaining
時期尚早　pre-matured
事業　enterprise / business
事業化する　get in operation
事業継続　continuing performance
資金　fund
資金繰り　cash-flow / fund raising
資金調達　fund raising
資金不足　shortage of capital
仕組み　scheme
思考停止　thought-stopping
自己責任　self-responsibility
自己破産　personal bankruptcy / individual bankruptcy / self-bankruptcy
資産運用　asset management
市場主義　market mechanism /market principle
下請け仕事　subsidy
下積みの苦労　bottom of the heap
失業対策　measure for unemployment
失敗事例　case study of failure
実務　practice
支払い日　due date
資本　capital
借金　debt
借金地獄　debt hell
自由化　liberalization
自由競争　free competition
自由市場　free market
就職　get a job
終身雇用　permanent employment / lifetime employment
修正申告　amendment request
需給関係　demand and supply
出向　transfer
出資法違反　violation of investment law
主導権争い　leadership struggle
状況の変化　change of scenery
商圏　market area
証券化　securitize
少子化　falling birthrate
仕様書　specification sheet
上場企業　listed company
消息　goings-on

商品開発　product development
商品先物取引会社　commodity futures trader
勝負の分かれ目　difference between success and failure
情報開示　disclosure
初期投資　initial investment
自立　independence
自立心　independent mind-set
ジリ貧状態　dwindling
素人　layman
新技術　new technology
新業態　new business model
人件費　personnel cost / personal expense /payroll / labor cost
人口減少　depopulation
新事業　spin-off
人脈　human network
信用貸し　credit loan
心理状態　psychological state

【す】
スキ間市場　niche market
ズブの素人　true amateur

【せ】
成果主義　performance-based pay system
制限　restraint
成功体験　successful experience
成功報酬　completion bonus
成長株　glamour stock
政府主導　government-led
責任　responsibility
責任感　sense of responsibility
世間知らず　jerk / naive / babe in the woods
世間の空気　public's attention
世間の批判　public criticis
是正　correction
説明責任　accountability
前職　former career
先端産業　cutting-edge business
専門家　expert

【そ】
早期退職　early retirement
増資　rights offering
草創期　time of foundation
相場　market price
即断即決　snap decision
損害賠償金　compensation payment

【た】
大企業　big firms
退職金　retirement allowance
退職引当金　allowance for retirement pay
大流行　widespread
脱サラ　corporate dropout
達成感　fulfillment
他力本願　reliance upon others
単価　per-piece cost
団塊の世代　baby boomers
単身赴任　dispatch without family

【ち】
地域市場　community market
地域密着小売店　community-based retailer
仲介役　mediator
仲介料　commission
中小企業　small and med-sized companies
直取引　direct bargain

【て】
手当　allowance
定年退職　age-limit retirement
撤退　wind-up
典型　typical case
転職　switching job
店頭公開　initial public offering

【と】
倒産　go under / bankruptcy / breakdown / crash down
投資物件　investment instrument
当面の目標　immediate goal
独立自営業者　self-employed individual
ドシロウト　layman
ドブ板営業　selling from door to door
取引条件　business term
ドル箱　cash cow
泥仕合　mud-flinging
問屋　commission merchant

【な】
仲間割れ　break up of the camp
ナワバリ争い　turf battle

【に】
入力ミス　inputting error
人気取り　grandstand play

【ぬ】
ヌケ穴　loophole

【ね】
値決め　price setting
ネズミ講　pyramid finance scheme
年金　pension
年収　annual income

【の】
能力　ability / capability / potential

【は】
敗因　cause of defeat
バカ　dumb
ハゲタカファンド　vulture fund
派遣　temp / temporary worker
働き盛り　working prime
バブル経済　the bubble economy
バラ色の未来　rosy future

【ひ】
被害額　extent of the damage
ビジネスの裏表　two sides of the business
秘密保持契約　confidentiality agreement
評判　reputation
品質管理　quality control
品質検査　quality inspection
ピンハネ　rake-off

【ふ】
風潮　trend
不況　business slump /slump /economic slowdown /depression
舞台裏　behind the scenes
負担　burden
不動産証券化　securitization of real estate
フランチャイズチェーン　franchise chain（FC）
不良債権　bad loan
分岐点　turning point
粉飾　dressing

【ほ】
放漫経営　loose management
補助金　subsidy
ボッタクリ　rip-off
本業　core business
本社、本部　headquarters
本部（フランチャイザー）
franchisor

【ま】
マイナス成長　negative growth
マガイモノ商法　made of whole cloth business
負け組　losers
マスコミ操作　media manipulation
マルチ商法　pyramid selling

【み】
右肩上がりの時代　days when the business expanded year after year
見通し　forecast

【む】
無担保ローン　unsecured loan
無法地帯　lawless town / jungle

【め】
メーカー　manufactures

【も】
持ち株比率　ratio of the stock holding
問題解決　problem-solving

【や】
役割分担　division of roles
雇われ店長　employed manager
ヤミ金　black-market financing / loan shark
やる気　motivation

【ゆ】
有限会社　limited liability company
融資　loan
融資期間　period of lending
融通手形　accommodation bill
優良企業　blue-chips

【よ】
予算　budget

【り】
利益　profit / earning / return
利害　interest and right
利殖　accumulation
リストラ　restructuring / personal downsizing / massive layoffs
立地選定　site selection
量産　mass-production

【わ】
ワナ　trap

023 ヤクザ・リセッション さらに失われる10年

The Yakuza Recession : Another Lost Decade

ベンジャミン・フルフォード ■ Benjamin Fulford

政府もマスコミも隠し通してきた衝撃の真実!

なぜ一生懸命働いているのに、
あなたは日々貧しくなっていくのか?
ヤクザに汚染された「政・官・業」が、
すべてのツケを国民に回している実態を暴く。
いまの日本は腐敗した「泥棒国家」だ!

定価1,000円

021 アメリカの子供に英語を教える

Public Education in Los Angeles

西海 光 ■ Hikaru Nishiumi

ロサンゼルスの日本人女性教師の奮闘記

定価860円

022 マニフェスト論争 最終審判

The Final Judgment

木村 剛 ■ Takeshi Kimura

マニフェストの本質とこの国の問題点がわかる!

定価1,000円

024 ウォーター・マネー

The Water Money

浜田和幸 ■ Dr. Kazuyuki Hamada

石油から水へ、世界覇権戦争が始まった!

定価1,000円

025 「世界地図」の切り取り方

Atlas of Globalization

藤井厳喜 ■ Gemki Fujii

学校で習った世界地図ではいまの時代は生きられない

定価1,000円

026 NTTを殺したのは誰だ!

Who Destroyed NTT?

藤井耕一郎 ■ Koichiro Fujii

「IT立国」構想がもたらしたニッポンの技術崩壊

定価1,000円

052 虚飾の愛知万博
Unofficial Guide to EXPO 2005 Aichi
前田栄作 ■ Eisaku Maeda

土建国家ニッポン「最後の祭典」アンオフィシャル・ガイド　定価1,000円

053 2008年　IMF占領
IMF Occupation of Japan
森木　亮 ■ Akira Moriki

財政史から見た「日本破産」へのプロセス　定価1,000円

054 幻の水素社会
Hydrogen Society Will Not Come
藤井耕一郎 ■ Koichiro Fujii

「環境問題」に踊らされるピエロたち　定価1,000円

055 80人の海外成功物語
The Place Where You Can be Yourself
内田麻衣子 & 飯田かすみ ■ Maiko Uchida & Kasumi Iida

自分の居場所を世界で見つけた“真国際人”たちの生き方　定価1,000円

057 超・学歴社会
Neo School-record Society
溝上憲文 ■ Norifumi Mizoue

広がる一方の格差。「学歴」はどこまであなたにつきまとうのか？　定価1,000円

051 洗脳選挙
Brainwash Voters
三浦博史 ■ Hiroshi Miura

選んだつもりが、選ばされていた！

●新潟知事選圧勝にみる「情報操作」術
●各党の選挙予算を初公開！
●まったく信用できないマスコミの選挙予測と出口調査
――ほか「ネガティブ・キャンペーン」と
「プロパガンダ戦争」のすべて

定価1,000円

056

起業バカ

Naive Entrepreneurs

渡辺 仁 ■ Jin Watanabe

世の中そんな甘くない。起業の数ほどワナがある。

起業ブームに踊らされて、
すべてを失うサラリーマンが続出している。
「あなたもできる」などという起業のススメは
ほぼインチキだ。
私も起業してみて、初めて「天国と地獄」を経験した。
成功するのは1500人に1人。
その1人になれると、あなたは本当にお考えか?

定価1,000円

〈以下続刊!〉

＊表示されているのはすべて消費税5%込みの定価です